GTB
Gütersloher Taschenbücher
1545

Die Kraft der Erinnerung
kommt aus der Dankbarkeit.

Dietrich Bonhoeffer

*Im Gedenken an mein Elternhaus
für Marianne und Christiane*

Sabine Leibholz-Bonhoeffer

Weihnachten im Hause Bonhoeffer

Gütersloher Verlagshaus
Gerd Mohn

Originalausgabe

Die Deutsche Bibliothek – CIP-Einheitsaufnahme

Leibholz-Bonhoeffer, Sabine:
Weihnachten im Hause Bonhoeffer / Sabine Leibholz-Bonhoeffer.
– 8. Aufl., (11.–18. Tsd.). – Gütersloh:
Gütersloher Verl.-Haus Mohn, 1992
(Gütersloher Taschenbücher; 1545)
ISBN 3-579-01545-1
NE: GT

ISBN 3-579-01545-1

8. Auflage (11.–18. Tsd.), 1992

Umschlaggestaltung: Dieter Rehder, Kelmis/Belgien
Gesamtherstellung: Clausen & Bosse, Leck
Printed in Germany

Als meine Eltern ihr erstes Weihnachten zusammen feierten, schenkte unser Vater Mama eine Weihnachtskrippe, die uns acht Kindern über mehr als fünfzig Jahre der Mittelpunkt des elterlichen Weihnachtszimmers blieb und die heute noch die Urenkel erfreut.
Unser Vater ist Schwabe, seine Familie ist seit 1513 in Schwäbisch Hall ansässig. Einige der Vorfahren liegen ehrenvoll in der schönen St. Michaelskirche begraben, in der alten Kirche mit der berühmten Treppe und mit dem farbigen Standbild des Heiligen Michael als Drachentöter am Hauptportal, das aus dem Jahre 1290 stammen soll. Papas Vorfahren waren Goldschmiede, Ratsherren, Theologen und später Ärzte und Juristen. Unser Vater, der Professor für Psychiatrie und Neurologie war, wurde von Breslau über KönIgberg an die Heidelberger Universität berufen; 1912 kam er nach Berlin. So gab es viele Umzüge für die Familie, und wir Kinder wurden an verschiedenen Orten geboren.
Unsere Mutter, Paula Bonhoeffer, geb. von Hase, hat uns acht Geschwister in den Jahren 1899 bis 1909 zur Welt gebracht: Karl-Friedrich, Walter,

Klaus, Ursula, Christine, Dietrich und Sabine als Zwillinge, und Susanne. Das war noch im ersten Jahrzehnt nach der Jahrhundertwende, in der Zeit der Gaslaternen, der Droschkengäule, der eleganten Equipagen – und doch schon an der Wende des bürgerlich-viktorianischen Zeitalters. 1898 stirbt Bismarck, 1901 Queen Viktoria, Kaiser Wilhelm II. regiert und baut eine Flotte auf. Wagner ist tot; aber seine Opern feiern Triumphe. Gerhart Hauptmanns „Weber" sind längst erschienen; auch Freuds „Traumanalyse". Pierre und Marie Curie entdecken das Radium und eröffnen die Ära der Kernphysik. Einstein gibt seine Relativitätstheorie bekannt. Telefon und drahtlose Telegrafie verbinden die Menschen und tragen die großen Ereignisse der Zeit in alle Welt. 1906 versinkt San Franzisko bei einem Erdbeben, bald darauf auch Messina. Der riesige Ozeandampfer „Titanic", der Stolz der Engländer, zerschellt an einem Eisberg. Der Zeppelin steigt auf. Fortschritt, Neugestaltung, Neuorientierung überall.

Aber so unruhig die Zeit ist, in unserer Familie erhält sich bei lebendiger Offenheit für das Neue ein ausgeprägter Sinn für das Gewordene. So pflegen unsere Eltern im Zusammenleben mit uns acht Kindern bewußt die Bräuche und Formen, wie sie seit langem in den Familien unserer Vorfahren lebendig waren und fügen neue hinzu. Welche unverlierbaren Werte uns unsere Eltern damit gegeben haben, wurde uns in den schweren, wechselvollen Zeiten unseres späteren Lebens bewußt. Dies gilt besonders von der Weihnachtszeit. So will ich gerne den Wunsch erfüllen und von den Weihnachtsfesten in unserem Haus erzählen. Wenn ich dies tue, fließt in der Erinnerung freilich manches Erlebte ineinander, doch Gestalten, Stimmen, Räume, Farben, Gerüche erwachen lebendig.

Über der Vorweihnachtszeit der frühen Kinderjahre leuchtet der rötlich-goldene vielspitzige Adventsstern, den Mama mit Fräulein Horn, unserer Erzieherin aus der Brüdergemeine, gearbeitet und im Treppenhaus über einer Glühbirne aufgehängt hat. Schon Wochen vor der Adventszeit ist unsere Mutter mit den unzähligen Weihnachtsbesorgungen beschäftigt. Solange wir klein sind, hilft ihr dabei ‚Hörnchen', ihre rechte Hand, die wie Mama alles Wichtige im Kopf hat. In späteren Jahren geht eine von uns Töchtern mit der Mutter zur Stadt. Einmal vor Weihnachten begleitet Papa sie, um Mamas Wünsche zu erfahren.
Wir Kleinsten haben unsere Wunschzettel an das Christkind diktiert oder selbst geschrieben und

auf den Balkon gelegt. Unser Vertrauen in die Güte und Findigkeit des Christkindes ist grenzenlos. Begeistert ruf Susi, die jüngste von uns Geschwistern, am nächsten Morgen: „Sie sind weg!“ Mama gibt sich unendliche Mühe, für jeden das Erwünschte zu finden. Sie ist ganz aufs Freudemachen eingestellt, und es fehlt ihr auch nie an Ideen für Überraschungen. Unsere Eltern wollen immer außer ihren Kindern und den Verwandten auch die im Hause mit uns lebenden Hilfen und alle, die ins Haus kommen, beschenken: den Schneider, die Näherinnen, die Waschfrauen, die Büglerin, die Handwerker. Unsere Mutter denkt an alle. Unser Tischler und seine Familie, der Heizer, der Postbote und die Hausleute in Friedrichsbrunn, wo unser Landhäuschen steht, werden ebenso eingefühlt bedacht wie die in Breslau gebliebenen, verheirateten Haushilfen früherer Jahre, wie die Pfleger und Schwestern in der Charité, in der Papa als Chefarzt arbeitet.
Für die Kinder in der Charité fragt Papa bei uns Geschwistern nach Spielsachen. Mama veranstaltet dann mit uns eine Razzia in unseren Bücher- und Spielschränken, die sich bei der Gelegenheit auch wieder etwas leeren, so daß Platz wird für die Weihnachtsgeschenke, die in Aussicht stehen. Einmal darf Suse mit Mama mit den herausgesuchten Weihnachtssachen zur Nervenklinik der

Charité zu den kranken Kindern mitfahren. Sie erzählt: „Papa kommt auch bald, merkwürdig fremd in dem weißen Kittel; durch lange Gänge geht es; es sind hier keine schwachsinnigen, sondern nervenkranke Kinder. Sie zucken und schlagen teilweise mit Armen und Beinen, die sie nicht beherrschen können, um sich, als sie auf Papa zueilen, um ihn zu begrüßen. Man spürt, wie sie ihn lieben. Wir würden uns gar nicht trauen, ihm so inanspruchnehmend zu begegnen. Ein besonderer kleiner Freund von ihm, von dem er uns schon erzählt hat, liegt gekrümmt auf dem Boden und lächelt verzerrt zu ihm auf. Ich setze mich zu ihm; auch Papa hockt sich hin und bewundert, was er da macht. Aus winzig kleinen Stäbchen baut er ein durchsichtiges Haus, so hoch wie er reichen kann, denn aufstellen kann er sich nicht und dauernd zuckt sein Körper, aber die Hände hat er in der Gewalt und bastelt mit unendlicher Ausdauer sein Haus. Sprechen kann er etwas, aber ich verstehe ihn nicht. Doch Papa unterhält sich mit ihm. Manche Kinder malen, andere sitzen nur in ihren Betten und versuchen, mit einer Puppe zu spielen." Wir glauben, daß die Kinder unsere Geschenke wirklich nötig haben und sonst nichts bekommen. Wahrscheinlich ist es aber mehr eine pädagogische Maßnahme der Eltern, die diesen Tropfen Wermut in der ganzen sanften Weihnachtselig-

keit für notwendig halten. Wir sollen wenigstens bei anderen Kindern sehen, was es in der Welt an Leiden gibt.
Zum Kreis derer, die beschenkt werden sollen, gehören natürlich auch die Privatlehrer, die uns Klavier-, Geigen- und Cellostunden geben oder in Französisch, Tanzen oder Gymnastik unterrichten. Die größte Arbeit ist mit dem Einkaufen nicht getan. Die Hauptlast sind die Pakete, die Mama an viele Unversorgte, an einsame Menschen und an alte und neue Freunde des Hauses schickt. Wir Kinder dürfen beim Packen dieser Weihnachtspakete helfen, die Mama am liebsten schon vor dem 1. Advent fertig haben will. Denn danach möchte sie gern mehr Zeit für uns Kinder haben.

Der lang ausgezogene Eßzimmertisch nimmt alles auf, was verpackt werden soll: Tannenzweige, Kartons und die Berge von Geschenken. Beim Packen helfen wir gerne. Es macht uns Freude, die Geschenke für die einzelnen Pakete aufeinanderzuschichten, jedes einzelne Geschenk in grünes Seidenpapier einzuwickeln, alle Päckchen mit Gold- oder Silberfäden zu verschnüren und Sternchen auf die Anhänger aufzukleben, die Mama dann eigenhändig beschreibt. Ein Tannenzweig kommt obenauf in jedes Paket. Wenn alles für die Post fertiggemacht ist, ziehen zwei von uns die Weihnachtsladung im Leiterwagen zum Postamt Grunewald. Das tut keiner von uns gern. Aber unsere Mutter ist der Ansicht, daß wir uns getrost ein bißchen Mühe für andere machen sollen. Schließlich ziehen zwei von uns mit dem hochbeladenen Wagen ab, aber unterwegs murren wir, wenn etwas herunterfällt; doch mit der Zeit merken wir, daß zu zweit die Mühe halb so groß ist, und auf dem Rückweg sind wir mit dem leeren Wagen sogar lustig und rennen, daß er schlängelt und rattert. Manchmal haben wir auf diesen Wegen aber auch ‚tiefsinnige' Gespräche miteinander.

Vor dem ersten Weltkrieg hat unsere Mutter auch immer bei uns zu Hause noch eine Weihnachtsbescherung für besonders arme und in Not befindliche Menschen gehalten. Die Löhne waren damals meistens noch sehr niedrig und Geschenke oft wirklich notwendig. Wir Kinder machten bei dieser Bescherung Krippenspiele und stellten lebende Bilder. Die älteren von uns sagten die Weihnachtsgeschichte auf. Die Freude, die wir damit bereiteten, machte uns fröhlich und ausgelassen. Meine Mutter aber traf immer den richtigen Ton, wenn sie sich mit allen, die zur Feier gekommen waren, ausführlich unterhielt.

Damals war es nicht üblich, Kinder mit Süßigkeiten zu verwöhnen. Es gab bei uns zwar immer zum Mittagessen einen süßen Nachtisch, aber Leckereien zwischendurch höchstens einmal als Belohnung oder an Festtagen. Auch Apfelsinen und Mandarinen waren nichts Alltägliches. Doch zu Weihnachten erschien dies alles in Hülle und Fülle. Das Beste war das selbstgemachte Marzipankonfekt, das nach einem alten Familienrezept jedes Jahr hergestellt wurde.

Eine meiner frühesten Erinnerungen ist ein Winternachmittag, an dem wieder einmal das Weihnachtsmarzipan gemacht wurde. Ich sehe es noch vor mir, wie unsere Mutter, Hörnchen, Fräulein Käte und meine älteren Schwestern Ursel und Christel am Eßzimmertisch stehen, auf den die Köchin die Zutaten gestellt hat. Alle haben weiße Schürzen an. Dietrich und ich dürfen zum erstenmal ‚mithelfen'. Zuerst werden die Hände gebürstet, über unsere Kleider werden unsere frischen, weißen, langärmeligen Nachthemden gezogen. So steht Dietrich mir noch ganz deutlich vor Augen. Wir bekommen nun einen Teller mit abgebrühten, warmen Mandeln vorgesetzt, die wir aus den Schalen schlüpfen lassen dürfen, „vorsichtig, nicht auf die Erde springen lassen", ruft Hörnchen. Das macht uns Spaß, wie die weißen Kerne aus den braunen Schalen hüpfen. Auch die Mandelmühle

dürfen wir drehen und Rosenwasser mit Puderzucker verrühren. Dietrich knetet und rollt die Marzipanmasse mit eifrigen Händen.
Eine ähnliche Szene ergibt sich beim Pfefferkuchenbacken. Nach einem urgroßelterlichen Rezept wird jedes Jahr diese Weihnachtsbäckerei wieder begonnen. Schon Mitte November wird der Teig vorbereitet, der dann einige Wochen ruhen muß. Er wird nach einem delikaten, aber etwas umständlichen Rezept hergestellt. Der Erfolg ist aber die Mühe wert! Noch heute sehe ich unsere sehr geräumige Küche vor mir, die Fliesen des Bodens und die Kacheln in strahlendem Weiß. Hier waltet unsere Köchin Anna, und heute beim Backen hilft ihr Hörnchen. Auf den riesigen Meißner Bratenschüsseln türmen sich die abgebackenen braunen Pfefferkuchen. Wir Kinder haben in der Küche zwar im allgemeinen nichts zu suchen, aber heute holen Dietrich und ich uns dort den Teig, den wir im Spielzimmer mit den Händen zu Männlein und Frauchen formen. Die großen Schwestern helfen beim Ausstechen des Teigs in der Küche. Backblech über Backblech füllen sie. Dann werden Mond und Sterne, Blätter und Kringel von Ursel und Christel mit Zuckerglasur und Schokoladenguß bestrichen. Dabei darf auch etwas geschleckt werden – aber appetitlich und mit Maßen.
Die Vorfreude auf Weihnachten beginnt offenbar

sehr frühzeitig, denn in einem Briefchen schreibe ich achtjährig an unsere Großmutter: „In fünfundachtzig Tagen ist Weihnachten, da kommst Du doch?"
Schon am Sonnabend abend vor dem 1. Advent suchen wir Tannenzweige und stecken sie in den Kinder- und Mädchenzimmern hinter die Bilderrahmen. Auf das ganz kleine Bildchen, das morgen hinter dem ersten Türchen des Adventskalenders erscheinen wird, sind die Kleinsten von uns sehr gespannt. Wir sind in der Vorfreude gar nicht abgelenkt, denn wir werden in dieser Zeit nicht in die Stadt mitgenommen, wo der Weihnachtstrubel und die glitzernden übervollen Fensterauslagen so vieles schon vorwegnehmen. Unsere Mutter will alle Weihnachtseindrücke für den Heiligen Abend zu Hause vorbehalten.

Am schönsten waren für uns die Adventssonntage. Am Nachmittag nach der Vesper versammelt sich die ganze Familie um den lang ausgezogenen Eßzimmertisch, um bei Weihnachtsarbeiten und Weihnachtsliedern Advent zu feiern. Das Eßzimmer, für heutige Maßstäbe ein Tanzsaal, an das sich die Glasveranda, Mamas Wohnzimmer, und auf der anderen Seite der Salon und Papas Arbeitszimmer anschließen, sieht heute besonders feierlich aus. Von den Wänden blicken wie sonst die

Porträts der Großmutter Kalckreuth, der Kalckreuth'schen Tanten, die Büste des Urgroßvaters, des Theologen Karl von Hase, und „die schöne Bonhoefferin" auf uns herab. Der Umfang des Pfefferkuchentellers, der in der Mitte des Tisches steht, ist beträchtlich, doch die allerbesten Dinge vom Backwerk erscheinen erst auf den bunten Tellern am Heiligen Abend zusammen mit noch vielen anderen festlichen Genüssen.

Wir Kinder sticken, kleben, malen, häkeln und sägen, feilen und lackieren mit Volleifer. Hörnchen und Fräulein Käte helfen rechts und links, wo wir nicht weiterkommen. Wir alle wollen mit unseren Weihnachtsarbeiten voran und bedrängen sie. Oben am Tisch sitzt Mama. Sie wird von uns immer wieder ermahnt, nicht zu gucken wegen unserer großen Überraschungen. Für sie liegt der Hauptakzent auf dem Singen der Advents- und Weihnachtslieder. Wir singen alle zusammen und können schon früh viele Verse der Weihnachtslieder, da unsere Mutter sie um unsertwillen ganz deutlich singt in der Hoffnung, daß wir sie uns für immer einprägen. Meist stimmt Mama an. Zuerst ein Adventslied:

‚Mit Ernst, o Menschenkinder,
das Herz in euch bestellt'

‚Macht hoch die Tür, die Tor macht weit.'

Unsere Mutter möchte auch die alten Lieder nicht vergessen:

‚Fröhlich soll mein Herze springen,
dieser Zeit, da vor Freud
alle Engel singen'
oder

‚Dies ist die Nacht, da mir erschienen
des großen Gottes Freundlichkeit'.

Durch Hörnchen lernen wir auch die Lieder der Brüdergemeine, so daß unser Repertoire groß und vielfältig wird. Nach den Adventsliedern singen wir Weihnachtslieder, wobei jeder vorschlagen darf. Oft singen wir an einem Adventssonntag dreißig und mehr Lieder. Mein Vater wählt gern ‚Es ist ein Ros entsprungen'. Er kommt meist etwas später zu unserem Zusammensein, ein Buch mit Andersens Märchen in der Hand. Nun wird es ganz still. Der bunte Teller macht leise die Runde, und nur die geräuschlosen Arbeiten dürfen fortgesetzt werden, denn Papa liest uns die ‚Schneekönigin' vor. Während sonst unsere Mutter vorliest, bald schwungvoll mit Wärme und nicht ohne Pathos, bald streng mit Überzeugungskraft und Eindringlichkeit, ganz auf uns Kinder eingestellt, liest Papa leise, aber sehr akzentuiert,

auch er liest anschaulich und humorvoll, aber dabei ganz schlicht.
Nach dem Lesen schaut er sich um und geht auch einmal um den Tisch, bewundert, was wir alles Schönes machen, und fragt leise: „Was habt ihr denn für die Mutter?" Diese leicht besorgte Frage stellt er auch am Abend vor Weihnachten, wir sind dann sehr stolz, wenn wir etwas Schönes gearbeitet haben und Papa die Arbeit lobt.

So vergeht uns der 1. Adventssonntag viel zu schnell, und wir räumen nur ungern unsere Weihnachtsarbeiten vom Eßtisch, wenn die Mädchen den Abendbrottisch decken wollen. Aber wir wissen, es gibt vier Adventssonntage, und jeder wird schön gefeiert werden.

Ich habe noch ein Briefchen von Dietrich aus dem Jahre 1911, das er unserem Vater diktierte. Darin berichtet er fünfjährig der Großmutter nach Tübingen von einem Adventssonntag.
„Liebe Großmama, gestern haben wir gearbeitet, und ich mache für die Klara zu Weihnachten ein Nadelkissen, und gestern haben wir auch Weihnachtslieder gesungen. Wir haben gesungen ‚Tochter Zion' und ‚Ihr Kinderlein kommet' und ‚Der Christbaum ist der schönste Baum'. Die Ursel hat ein Deckchen genäht. Ich habe noch sieben Sachen

zu machen. Gestern habe ich nicht meinen Pferdestall aufgeräumt.
Viele Grüße Dein Dietrich."

Die Dankesbriefe sind uns oft eine kleine Plage; es wird zeitlich kein Zwang ausgeübt, aber wenn man öfter das Geschenk zur Hand nimmt und der Dank noch aussteht – meist aus Faulheit – schlägt doch eines Tages das Gewissen. So bekommt die Großmutter in Tübingen doch schließlich von uns allen ein Briefchen.

In die Adventszeit fällt am 10. Dezember der Geburtstag unseres Bruders Walter. Zum Nachmittag sind oft Kinder eingeladen, und an diesem Tag macht Mama den Niklas. Sie zieht Papas Wintermantel an, aber mit dem Pelzfutter nach außen gewendet, so daß wir den Mantel nicht wiedererkennen, setzt die Pelzmütze tief in die Stirn bis an die Augen. Den Mund verdeckt ein enorm langer Bart aus echten weißen Haaren, und sie trägt Papas dicke Bergstiefel und seine Pelzhandschuhe. Gebeugt unter der Last eines Sackes, der ihr über die Schulter hängt, eine Rute aus Reisig in der Hand und mit vielen Geschenken an der Gürtelschnur, ist sie wirklich nicht wiederzuerkennen! Sobald ein langes ununterbrochenes Läuten, stampfende schwere Fußtritte und eine laute tiefe Stimme von der Diele hereindringen, sind wir sehr aufgeregt – halb ängstlich, halb freudig. Die Größeren stürmen zur Tür. Der Niklas bittet zwar bald um einen Stuhl, scheint aber sonst höchst machtvoll; streng und begütigend zugleich ist sein Auftreten. Mit tiefer Stimme befragt er uns nach allerlei Tugenden und Untugenden, läßt jeden hervortreten und erhebt auch drohend die Rute, wenn er seine Ermahnungen gibt. Aber er lobt auch sehr und belohnt mit Geschenken, er läßt sich Gedichte aufsagen und auch Weihnachtslieder singen und brummt selber mit. Dann erhebt er sich plötzlich und leert polternd einen großen Sack mit Äpfeln, Nüssen und eingewickelten Süßigkeiten auf das Parkett. Während ein ganzes Knäuel von Kindern aufsammelnd und zusammenraffend auf den Knien liegt, entschwindet der Niklas, und fünf Minuten später ist Mama wieder unter uns, ohne daß wir ihre Abwesenheit beobachtet haben! Wer älter ist und hinter die Verwandlung kommt, dem wird auferlegt, nichts zu verraten und sich ‚wie die Erwachsenen' zu verhalten.

In den Weihnachtswochen an Walters oder an Mamas Geburtstag findet auch oft das Puppentheater statt, Mama führt dann ‚Rotkäppchen' auf. Sie spricht den ganzen Text höchst temperamentvoll auswendig und führt dabei allein alle Figuren. Ihre Fähigkeit, sich in Kinder hineinzudenken, wird dabei besonders deutlich. Auch Papa kommt immer zum Rotkäppchen-Theater. Die Bühne stammt aus dem urgroßelterlichen Haus. Die Kulissen sind einst von meinem Urgroßvater, Graf Stanislaus Kalckreuth, der die Weimarer Kunstschule gründete, und von Kunstschülern für seine Kinder gemalt worden. Den Text schrieb Tieck.

In einer großen Familie gibt es ja niemals Mangel an Abwechslung. Stumpfsinnig und ereignislos verläuft das Leben nie. Eher mag es an Stille zur Konzentration, an Besinnungszeit fehlen. Aber wenn eines von uns Kindern den Wunsch danach ausspricht, wird auch ungestörtes Alleinsein ermöglicht. Für Ruhe für unseren Vater sorgt Mama unerbittlich. Es wird nichts Unwesentliches an ihn herangelassen. Weniger gelingt es Papa, unsere Mutter in Festzeiten ‚außer Betrieb' oder ‚auf Schongang' zu setzen. Er weiß vielleicht zu gut, wie sehr ihr Temperament ihr Leben gestaltet und daß sie in ihrem Element ist, wenn sie Festtage vorbereiten und feiern kann. Aber manchmal spricht er doch ein Machtwort zu uns, wenn wir Mama zu sehr bedrängen.

Zwei Briefe der siebenjährigen Zwillinge
Sabine und Dietrich

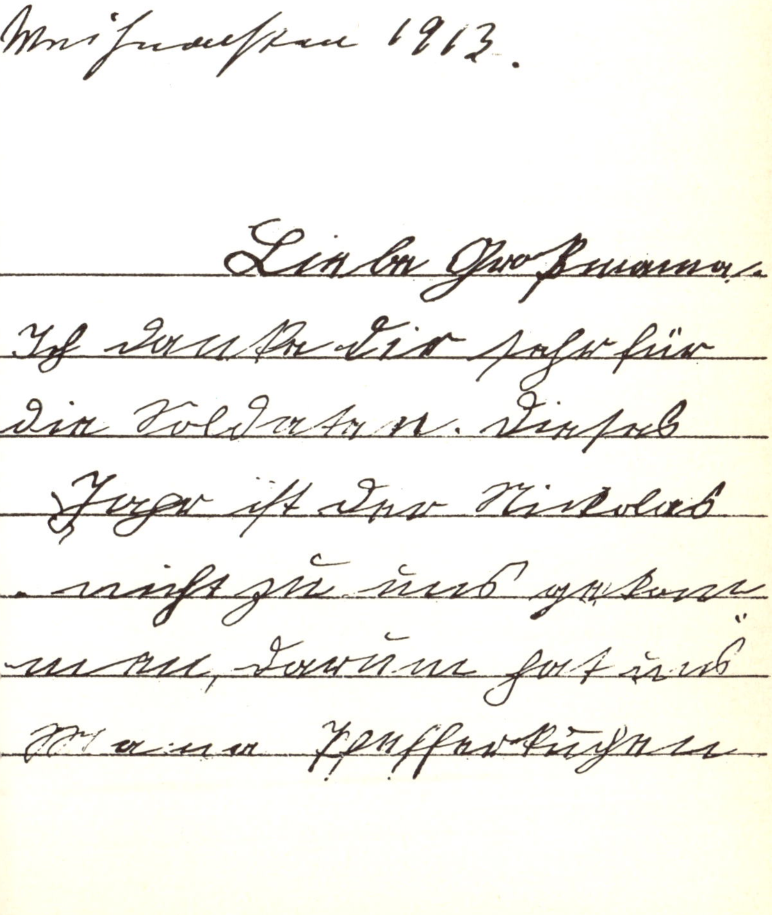

Weihnachten 1913.

Liebe Großmama!
Ich danke Dir sehr für
die Soldaten. Dieses
Jahr ist der Nikolaus
nicht zu uns gekom
men, darum hat uns
Mama Pfefferkuchen

angegeben. Jetzt ist
Papa wieder gesund.
Er konnte zu
Weihnachten auf-
stehen. Ich habe eine
Burg gekriegt eine
Schmetterlingbecher
ein Brummspiel von
Großpapa eine Malkasten
von Tante Hermine
ein Pfefferküchen +
Schwälbchen. Vielen
Grüße von deinem
Dietrich.

Liebe Großmama!
Ich danke dir für
das Kaffeegeschirr. Zu
Mamas Geburtstag
haben wir ihr eine
Torte gebacken. Wir
haben hier schon sehr
viel Schnee und sind schon
2x schlitten gefahren.

Zu Weihnachten habe
ich ein Puppenhaus be=
kommen. Es grüßt
dich Lina

Auch das Baumschmücken hat eine feste Tradition. Immer am Vorabend des Heiligen Abend wird der Christbaum geschmückt, aber nur von den Großen, die schon zur Konfirmandenschule gegangen sind. Meist haben wir eine Tanne aus dem Friedrichsbrunner Wald im Harz, wo unser Ferienhaus steht. Zu der Zeit, als wir noch in Breslau wohnten, kam der Christbaum aus dem Glatzer Gebirge aus Wölfelsgrund, wo unser erstes Sommerhaus stand. Da die Räume in unserer Berliner Wohnung groß und hoch sind, ist auch der Christbaum mächtig, er reicht bis zur Decke mit einem großen Stern an der Spitze. Unser Christbaum wird nicht nach ästhetischen Gesichtspunkten geschmückt, sondern er wird ganz im Hinblick auf die Kinder behängt. Zuerst hängen wir die von uns blank geriebenen roten Äpfel auf, weil sie schwer sind und die Zweige niederhalten, dann befestigen wir die Kerzen, deren Dochte Papa schon kurz anbrennt, damit er beim Anzünden am Heiligen Abend weniger Mühe hat.

Während wir den Baum schmücken, singen wir ein Weihnachtlied nach dem anderen. Dietrich liebt besonders ‚Tochter Zion, freue dich'. Wenn die Kerzen aufgesteckt sind, hängt jeder in buntem Durcheinander auf, was immer er an Weihnachtsschmuck in den Kästen vorfindet, in denen der Christbaumschmuck aufbewahrt wird. Da sind wunderniedliche Dinge, bunte glänzende Vögel mit Glasschweifen, Wachsengelchen, Tannenzapfen, vergoldete Nüsse, kleine silberne Trompeten, allerliebste Glöckchen und Kugeln über Kugeln in allen Farben. Auch Zuckerringe und Schokoladenkringel sind in den Kriegsjahren sehr begehrt. Zuletzt kommt das Lametta. Sogar der harzige Stamm wird damit behängt, er leuchtet dann schön silbern auf, wenn die Kerzen brennen.

Wenn wir mit dem Schmücken des Christbaums fertig sind, stellen wir die Krippe auf. Das ist gar nicht so einfach. Aber unser Vater weiß, wie alles zusammengesetzt werden muß, und einer der Jungen hilft ihm beim Zusammenbauen des Stalles. Der hat ein Strohdach mit einem Kometen darüber, denn nicht nur die heilige Familie, die Hirten und Herden gibt es in unserer Krippe, sondern auch die stattlichen Drei Könige aus dem Morgenland mit ihren Kamelen. Wenn alles an seinem

Platz steht und aufgeräumt ist, bringt eines der Mädchen herrlich heißen Punsch herein. Auch das Punschtrinken gehört zu unseren Weihnachtsbräuchen. Wir trinken den Punsch aus schönen Gläsern, die vom Urgroßvater stammen. Dazu gibt es frisch gebackenen Lebkuchen, und es ist sehr gemütlich. Wenn wir müde werden von allem Vorbereiten und Punschtrinken, drängt mein Vater Mama, im Hinblick auf die bevorstehenden Festtage die Nachtruhe nicht weiter zu verkürzen.

Am Morgen des Heiligen Abend sind wir Kinder alle zusammen daheim. Eine gewisse Erregung und innere Unruhe erfüllt uns, immer haben einige von uns ihre Weihnachtsgeschenke nicht ganz fertig, es sind noch Geschenke einzuwickeln, die wir zu Freunden bringen wollen, hier und da fehlt es noch an einer helfenden Hand. Im Salon wird eifrig Trio und Klavier geübt, Hörnchen wird von uns mit vielen Wünschen bestürmt. Sie ist der gute Engel, der immer hilft und schnell und praktisch zugreift, aber auch energisch werden kann, doch sie ist nie launisch oder mißmutig.

Am Vormittag des Heiligen Abend sind die Eltern unsichtbar. Sie bauen die Weihnachtstische auf, und Hörnchen hilft auch hier. Jeder Weihnachtstisch soll hübsch aussehen und wird mit Liebe hergerichtet. Papa ist rührend mit tätig. Um die mittägliche Zeit verschließt er das Weihnachtszimmer von allen vier Seiten.

Die Mädchen tragen heute das Mittagessen in Papas Arbeitszimmer auf. Es gibt ein einfaches Gericht, die in unserer Familie für den Heiligen Abend traditionelle Kartoffelsuppe mit Würstchen und hinterher Rote Grütze. Das kann schnell gegessen werden und hat auch der Köchin, die schon bei den Vorbereitungen für das Weihnachtsessen ist, wenig Arbeit gemacht.
Bis zum Nachmittag herrscht noch große Weihnachtseile, aber dann findet sich die ganze Familie im Wohnzimmer zum Tee zusammen, wo wir noch ein halbes Stündchen gemütlich beieinander sitzen. Zum erstenmal gibt es vom selbstgebakkenen Christstollen. Auch die Dresdner Stollen stammen aus eigener Küche. Die Köchin Anna backt unzählige. Sie sind sehr gut, aber schwer und werden deshalb in dünnen Scheiben aufgeschnitten. Nach diesem gemütlichen Teetrinken geht jeder in sein Zimmer, um ein Festkleid anzuziehen.

Gegen achtzehn Uhr werden wir herbeigerufen, weil unsere Weihnachtsfeier beginnen soll. Dies ist ein großer, erregender Augenblick für uns Kin-

der. Doch bei den Erwachsenen ist jetzt alle Hetze und Unruhe wie weggeblasen. Feierlichkeit, Festfreude und andächtige Stille gehen von ihnen aus und teilen sich uns mit.
Die Feierstunde halten wir in Papas Arbeitszimmer. Viele Stühle stehen in zwei Reihen um den großen sechseckigen Tisch, an dem die Eltern schon Platz genommen haben. Wir kommen einer nach dem anderen und finden unsere Plätze, schließlich schickt Mutter Ursula, die Mädchen zu holen. Es erscheinen hintereinander, auch etwas zögernd, die Köchin Anna, die Mädchen, die Näherinnen, die Büglerin und die Frauen, die gelegentlich helfen. Auch sie wirken etwas beklommen genauso wie die Kinder. Alle sind sie schwarz gekleidet und weiß beschürzt. In einer langen Reihe nehmen sie Platz, ihre Hände liegen im Schoß.

Die Feier am Heiligen Abend beginnt bei uns immer mit der Weihnachtsgeschichte. Unsere Mutter liest sie mit fester klarer Stimme vor. Ich sehe sie vor mir in ihrem schwarzen Samtkleid mit dem schönen Spitzenkragen, mit ihren schweren dunkelblonden Zöpfen, die sie um den Kopf gelegt trägt, darunter die breite ernste Stirn. Sie hat eigentlich die blasse Haut mancher Blauäugigen, die jetzt aber von der Festfreude gerötet ist. Alle Spuren der Übermüdung und Angespanntheit, die ihr die Weihnachtsvorbereitungen eingebracht haben, scheinen mit dem Kommen des Heiligen Abends ausgelöscht. Nach der Weihnachtsgeschichte stimmt sie das Lied an ‚Dies ist der Tag, den Gott gemacht'. Sie spricht jeden Vers vor, damit alle den Text kennen und mitsingen können. Ich entsinne mich, daß ihr bei dem schönen Vers

‚Wenn ich dies Wunder fassen will,
so steht mein Geist vor Ehrfurcht still,
er betet an und er ermißt,
das Gottes Lieb' ohn Ende ist'

manchmal die Tränen in die Augen kamen, wie auch bei den Worten der Weihnachtsgeschichte „Maria aber behielt alle diese Worte und bewegte sie in ihrem Herzen". Dietrich und ich sprachen einmal darüber, weil Mamas Anblick uns ergriff und zugleich bedrückte, wir sind erst erleichtert, wenn ihre Augen wieder klar sind.

Wenn unsere Mutter das Weihnachtsevangelium gelesen hat und das erste Lied von uns allen gesungen ist, wird das Licht gelöscht, und im Dunkeln werden viele Weihnachtslieder gesungen. Suschen, die Jüngste, darf zuerst ein Lied vorschlagen. Dann geht es weiter im Alter hinauf. Inzwischen hat unser Vater auf Zehenspitzen und für uns unhörbar das Zimmer verlassen, um die

Lichter am Christbaum und an der Krippe anzuzünden und noch einmal einen Blick auf Mamas Weihnachtstisch zu werfen. Plötzlich klingelt sehr hell ein Glöckchen. Wir Kleinen wissen, das tut das Christkind, das ja auch unsere Wunschzettel vom Fensterbrett holte und überhaupt alles schenkt, selbst den Christbaum. Alle erheben sich, und wir tasten uns im Dunkeln singend über die Diele zum Eßzimmer, voran Susi, dann Dietrich und ich, die anderen älteren Geschwister und die Erwachsenen folgen.

Und dann sehen wir unseren Christbaum! So strahlend und hell nach dem Singen in der Dunkelheit! In seinem Lichtkreis stehen wir nun alle und singen zusammen das Kinderweihnachtslied ‚Der Christbaum ist der schönste Baum, den wir auf Erden kennen'. Wir Kinder wissen und fühlen es längst, daß es nicht schön wäre, jetzt zu den Gabentischen hinzublinzeln. Zugedeckt ist nichts von den Geschenken. Die Krippe wird nun bewundert. Ein Lichtchen dringt aus der Stalltür. Die ganze Weihnachtsgeschichte liegt vor uns ausgebreitet.

Dann beginnt Mama mit der Bescherung. Zuerst sind die Mädchen an der Reihe, die Köchin und die anderen häuslichen Hilfen, für die die Geschenke auf dem langen Eßzimmertisch aufgebaut sind. Sie danken, nehmen die Gaben und gehen beglückt auf ihre Zimmer. Dann treten wir Kinder und Hörnchen an unsere Tische. Jeder bekommt Dinge für seine speziellen Interessen und Wünsche. Kleidung gibt es nicht. Bücher, Noten, Spiele, phantasiereiche Puppensachen, Burgen und Pferdestall, Schlittschuhe, Schneeschuhe, Dampfmaschinen und Fotoapparate, Tuschkasten und Ölfarbenkasten, seltene Schmetterlinge und Aquarien, auch hübsche Dinge für unsere Zimmer. Während nun ein ziemlicher Trubel entsteht, bescheren sich die Eltern gegenseitig. Auf Papas Tisch findet sich immer auch von seiner Mutter oder von Ursula zubereitetes schwäbisches Gebäck, ‚Springerle', ‚Zimtsterne', ‚Hutzelbrot', ‚S-le' sind für ihn Kindheitserinnerungen.

Wir tragen dann unsere Geschenke für Eltern und Geschwister, an die wir in den letzten Wochen mehr gedacht haben als an unsere eigenen Wunschzettel, in tannengeschmückten Spankörben herein, verteilen sie und schauen auf die Zeichen der Freude in den Gesichtern. Dies gegenseitige Austeilen macht uns sehr viel Spaß. Die Geschenke, die wir für die Eltern und Geschwister gebastelt haben, sind eine hochbedeutsame Angelegenheit für uns, und wir merken genau, ob wir das Richtige getroffen haben. Es hat uns viel Mühe gemacht, herauszufinden, was jeden freut, um es dann zu basteln oder später auch vom

1
Karl Bonhoeffer, 34 Jahre,
Paula Bonhoeffer, 26 Jahre.
Im Jahre 1902 war Karl Bonhoeffer in Breslau Professor geworden, und das vierte Kind, die erwünschte Tochter Ursula, wurde geboren.

Aufnahme aus dem Jahre 1902

2
Im Wohn- und Musikzimmer der Familie hängt über dem Flügel das Bild der Urgroßmutter Pauline von Hase, geborene Härtel, Tochter des Inhabers der alten angesehenen Verlagsbuchhandlung Breitkopf und Härtel aus dem Jahre 1831. Sie war mit dem Theologen, Professor Karl August von Hase verheiratet. Gegenüber im ovalen Rahmen „die schöne Bonhoefferin" aus dem 18. Jahrhundert. Hinter der Portiere lag die Tür, die zum Herrenzimmer führte. Vorn trennte eine große Glasschiebetür den Wohnraum vom Eßzimmer. Hinter dem Mittelfenster lag eine Loggia. Die Wände waren orange-gelb.

Aufnahme aus dem Jahre 1930

1

2

3
Paula Bonhoeffer mit ihren acht Kindern
Von links nach rechts stehend: Christine, Klaus, Ursula, Karl-Friedrich, Walter; sitzend: Sabine, Paula Bonhoeffer mit Susanne im Steckkissen, Dietrich

Aufnahme aus dem Jahre 1909

4
Walter Bonhoeffer, geboren am 10. Dezember 1899 in Breslau, war ein ritterlicher, sehr disziplinierter, fröhlicher Junge. Sein Hauptinteresse galt der Zoologie. Aber auch seine Geige und Gedichte liebte er. Sein liebster Aufenthalt waren Wald, Wiese und Seen. Gleich nach dem Abitur 1917 meldete er sich freiwillig und fiel als achtzehnjähriger Fahnenjunker im Westen im April 1918.

Aufnahme aus dem Jahre 1915

Taschengeld zu erstehen. Für die Eltern ist nur ein selbstgearbeitetes Geschenk möglich, etwas anderes gibt es in der Kinderzeit nicht. Es zählte die Bemühung und die Sorgfalt, Schludriges wurde nicht geschätzt. Aber die kindlichen Künste schreiten jährlich etwas voran, und ich erinnere mich, wie stolz ich war, als ich Mama mit vierzehn Jahren einen von mir selbst auf der Nähmaschine genähten weißwollenen Morgenrock schenkte, während ich bis dahin meist nur etwas be- oder gemalt hatte. Auch Papas Lob, der sich immer an meinen Malereien auf Kalendern oder Briefbogen freute, war diesmal begründet, wie ich fand.

Das Festessen am Heiligen Abend beginnt mit einer Gänseleberpastete als Vorspeise, die eine Lieblingsspezialität meines Vaters ist und die unter Mamas Anleitung nach urgroßmütterlichem Rezept zubereitet wird. Für den Hauptgang zieht Mama am Heiligen Abend Pute dem schweren Gänsebraten vor; sie weiß ja auch, welche Anziehungskraft die bunten Teller auf uns ausüben!

Nach dem Abendessen wird im Salon musiziert, oft haben wir ein Trio geübt, oder Dietrich spielt etwas vor, was er aber eigentlich nicht gern tut. Er begleitet viel lieber, Ursel zum Gesang, Klaus zum Cello, mich zur Geige. Dann sitzen wir Geschwister noch lange vergnügt zusammen, während die Eltern meist schon bald nach 22 Uhr hinaufgehen. Wir Geschwister lesen dann noch in unseren Weihnachtsbüchern und schnabulieren dabei von den bunten Tellern, die so herrlich mannigfaltig in ihren Leckereien sind. Manche von uns musizieren noch ein bißchen oder spielen mit ihren Geschenken.

Am ersten Feiertag steht jeder auf, wann er will. Frühstück gibt es über eine lange Zeit. Jeder findet, selbst wenn er spät erscheint, auf dem Frühstückstisch noch alles, was er möchte. Ist man zeitig gegen 8.30 Uhr unten, trifft man die Eltern noch beim Frühstück, was natürlich sehr gemütlich ist, aber oft verschlafen wir nach dem langen Abend die Zeit. Wunderbar und überraschend ist jedesmal wieder der Duft des Weihnachtszimmers, der ja wirklich etwas Einzigartiges ist, ein Gemisch von Honigwachskerzen, von Tannenzweigen, warmem Harz, Pfefferkuchen und Blumen. Und obwohl das Weihnachtszimmer gut gelüftet wird, stellt sich der schöne Duft immer wieder ein. Er ist etwas Einmaliges im Jahr und bleibt immer in Erinnerung.
Nach dem Frühstück wenden wir uns natürlich zuerst wieder unseren Weihnachtssachen zu; aber kaum haben wir angefangen, uns etwas einzuspielen, so erscheint Papa, der einen kurzen Morgengang durch den Garten gemacht hat, und

schlägt vor, daß wir alle spazierengehen, zum Grunewaldsee oder näher, jedenfalls sollen alle an die frische Luft. Wir haben keine große Lust dazu und würden lieber bei unseren Geschenken bleiben, aber das sagen wir an Weihnachten nicht, höchstens Susi fragt vorsichtig: „Müssen wir?"
Oft liegt der Schnee hochgeschaufelt an den Straßenrändern. Die Größeren von uns laufen schneller und weiter und gucken noch bei den Freunden in der Nachbarschaft ins Weihnachtszimmer. Diese Spaziergänge sind sehr hübsch ausgedacht, aber besonders wir Jüngeren wären eigentlich lieber zu Hause geblieben. Selten ist es so sonnig und schön, daß wir einen längeren Weg bis zum Grunewaldsee machen können. Meistens sind wir etwas verfroren, und die Geduld reicht nur zu einem kurzen Spaziergang in der Grunewaldkolonie. Wir Kinder wechseln uns ab, neben den Eltern zu gehen, die übrigen laufen hinterher; es gibt Gespräche untereinander, und schließlich sind wir doch alle vergnügt und lustig. Die frische Luft tut uns gut, und wir kommen mittags mit dem entsprechenden Appetit nach Hause.
Zum Mittagessen erwarten wir die in Berlin lebenden Verwandten, zum Tee werden dann noch alleinstehende Bekannte dazu geladen. Am späten Nachmittag brennen die Kerzen am Christbaum wieder, und Mama singt uns die Weihnachtslieder

von Peter Cornelius. Das ist Papas große Freude, aber er sieht doch oft etwas besorgt auf unsere Mutter, ob es ihr nicht zuviel wird. Besonders eindrucksvoll singt sie das Lied ‚Drei Könige wandern aus Morgenland', das in der Klavierbegleitung den Choral ‚Wie schön leucht' uns der Morgenstern aufklingen läßt. Auch das Lied vom alten Simeon

‚Nun lässest du in Frieden,
Herr, deinen Diener gehn.
Da es mir doch beschieden,
den Heiland anzusehn',

macht uns Kinder nachdenklich. Diese Lieder gehören auch zu unserem Weihnachten, und wir alle lieben diese Stunde, in der wir sie hören. Dietrich begleitet unsere Mutter auf dem Flügel, man sieht ihm an, wie gern er es tut.
Die große Gestaltungskraft unserer Mutter und die Großzügigkeit im Wesen unseres Vaters, der ihr seelisch und äußerlich durch sein Verständnis, seine Güte und Klugheit den Wirkungsraum gibt, können sich zu unserer aller Bestem auswirken.

Die Jungen wachsen heran. 1914 beim Ausbruch des Krieges ist Karl-Friedrich, der Älteste, fünfzehn Jahre alt, Walter vierzehn, Klaus dreizehn, Ursel zwölf, Christel elf, Dietrich und ich acht, Susi erst fünf Jahre. Noch sind die Brüder zu Hause. Aber die Nachrichten vom Tod von drei Vettern bringt den Eltern Leid, und wir fühlen auch am Weihnachtsabend, wie sie an all das denken, was das Kriegsjahr ihren Geschwistern und so vielen Menschen an Schmerz gebracht hat. 1917 kommen Karl-Friedrich und Walter ins Feld. Beide werden schnell Unteroffiziere. Täglich schreiben sie nach Haus und berichten uns, was sich ereignet. Auch die Eltern schreiben jeden Tag an die Söhne. Weihnachten und Neujahr kommt Walter auf Urlaub. Er genießt das Fest und geigt mit Klaus und Dietrich im Trio. Aber in Gedanken und Gesprächen ist er viel bei seinen Kameraden.

Die Kriegsweihnachten bringen freilich auch in anderer Beziehung eine größere Belastung. Immer mehr Feldpostpakete müssen hinausgesandt werden, die Lebensmittelversorgung wird schwieriger, und die Lebensmittel werden knapper und knapper, bis schließlich während der Blockade im Winter 1917 die Hungerzeit einsetzt. In Berlin ist es damit besonders schlimm. 1917 ist der sogenannte Kohlrübenwinter, wo kaum etwas Nahrhaftes zu ergattern ist; wer keine Freunde auf dem Land hat und hin und wieder Pakete bekommt, ist übel dran, besonders wenn er eine große Familie hat, bei der die Kinder im Heranwachsen sind. So hat Mama mit den alltäglichen Dingen viel Sorgen, und es macht ihr große Mühe, für so viele Menschen Weihnachtsgeschenke zu beschaffen. Aber gleichzeitig versucht sie auch ganz bewußt, uns Kinder das Verzichten zu lehren. In allem Wesentlichen wird unsere Weihnachtstradition jedoch fortgesetzt.

Weihnachten 1918 ist alles sehr schwer. Unser Bruder Walter fehlt. Er, der zweitälteste Sohn meiner Eltern, ist am 28. April 1918 als achtzehnjähriger Fahnenjunker im Westen gefallen. Eine schreckliche Lücke, die sein Tod auch in unseren Geschwisterkreis gerissen hat, ist nun da, und sie bleibt offen. Unsere Mutter ist nur noch ein Schatten ihrer selbst, unser Vater um Jahre gealtert.
An diesem Weihnachtsnachmittag sagt unsere Mutter: „Wir wollen nachher hinübergehen." Das Hinübergehen heißt, wir gehen alle auf den Friedhof. Walter ist nach Berlin überführt worden, sein Grab liegt auf einem nahegelegenen Friedhof. Bald treffen wir uns unten in der Diele. Mama und Papa sind vorher noch einmal ins Weihnachtszimmer gegangen und haben einen Tannenzweig vom

Baum geschnitten mit einem Licht und Lametta und nehmen diesen Weihnachtszweig für das Grab von Walter mit. Der Friedhof ist nicht weit entfernt, ungefähr eine Viertelstunde gehen wir zu Fuß hinüber. An Walters Grab ist auch ein Bänkchen, aber Papa rät Mama ab, sich hinzusetzen, weil es so kalt ist. Mama stellt Christrosen auf das Grab, sie versucht, alles schön hinzulegen, Papa hilft ihr dabei, und wir Kinder fegen Schnee und dürre Blätter weg. Dann richtet Mama sich auf und geht am Arm unseres Vaters voran. An der Kapelle schaut sie noch einmal zurück. Jetzt geht es zu Fuß durch die weihnachtlichen Straßen nach Hause. Bis wir daheim sind, ist es fast dunkel, aber das kahle Gezweig der Akazien und der Obstbäume in unserem Garten hebt sich noch scharf vom Winterhimmel ab. Auch in den folgenden Jahren ist es zu Weihnachten bei diesem Friedhofsgang geblieben.

Bei meiner Erinnerung an die Weihnachts- und Nachweihnachtszeit in unserem Elternhaus denke ich auch gern an die Silvesterfeier. Erst diese beendete die Weihnachtszeit. Auch dieser letzte Jahrestag wird mit bestimmten Bräuchen gefeiert. Nach dem Abendessen, zu dem es Karpfen oder sonst etwas Besonderes gibt, ziehen sich unsere

Eltern zurück. Jedes Jahr schreiben sie dann in ihr Silvesterbuch von allen wesentlichen Begebenheiten, die das Jahr uns gebracht hat. Doch nach Walters Tod entsteht eine Pause von zehn Jahren. Der Silvesterbericht schloß 1917, als beide älteren Brüder Soldaten waren, mit dem Wunsche „Möchten wir 1918 wieder vereint sein". In den folgenden Jahren „fehlte der Mut, den unterbrochenen Faden wieder aufzunehmen und an das Verlorene anzuknüpfen". Wir Kinder bekommen das Buch nicht zu sehen.

Ungefähr zwei Stunden vor der Jahreswende treffen wir uns mit den Eltern wieder im Wohnzimmer. Auch heute dürfen nur die Geschwister, die schon zum Konfirmandenunterricht gehen, bis Mitternacht aufbleiben. Aber auch die Kleineren dürfen noch ‚Schiffchen schwimmen lassen' und Bleigießen. Beim Schiffchenschwimmen werden zwei Nußschalen mit Lichtchen darin in eine große, mit Wasser gefüllte Schale gesetzt. Ganz vorsichtig machen wir mit den Fingerspitzen kleine Wellen, die Nußschiffchen schwimmen herum, und wenn sie sich berühren, darf man sich etwas Schönes für das neue Jahr wünschen.
Auch das Bleigießen macht uns viel Spaß, weil jeder die selbstgegossenen vielfältigen Formen auslegt oder die Deutungen der anderen mehr oder

weniger gerne annimmt. Wenn dieser vergnügte Wirbel vorbei ist, trinken wir den wärmenden Silvesterpunsch, der in den alten Punschgläsern hereingebracht wird, dazu gibt es Berliner Pfannkuchen.
Wenn dieser „heidnische Teil" unserer Silvesterfeier, wie Klaus verschmitzt sagt, vorbei ist, werden die Kerzen am Christbaum noch einmal angezündet. Die Tanne nadelt dann meist schon sehr. Papa überzeugt sich, ob der Eimer mit Wasser, der hinter der Tanne versteckt steht, auch gefüllt ist. Aber brandsichere elektrische Kerzen möchte niemand von uns haben. Nun werden die Lampen gelöscht und die Kerzen von Papa ganz behutsam angezündet. Wenn der Baum erstrahlt, schlägt Mama den 90. Psalm auf und liest ihn uns. Freilich kennt sie den ganzen Psalm auswendig, aber sie schaut doch auf die Verse in der Bibel.

Herr, Gott, du bist unsre Zuflucht für und für.
Ehe denn die Berge wurden
und die Erde und die Welt geschaffen wurden,
bist du, Gott, von Ewigkeit zu Ewigkeit,
der du die Menschen lässest sterben
und sprichst: Kommt wieder, Menschenkinder!
Denn tausend Jahre sind vor dir wie der Tag,
der gestern vergangen ist, und wie eine
Nachtwache.

Du lässest sie dahinfahren wie einen Strom;
sie sind wie ein Schlaf,
gleichwie ein Gras, das doch bald welk wird,
das da frühe blüht und bald welk wird
und des Abends abgehauen wird und verdorrt.

Besonders eindrücklich liest unsere Mutter uns die Verse:

Unser Leben währet siebzig Jahre,
und wenn's hoch kommt, so sind's achtzig Jahre,
und wenn's köstlich gewesen ist,
so ist es Mühe und Arbeit gewesen;
denn es fähret schnell dahin,
als flögen wir davon.
Lehre uns bedenken, daß wir sterben müssen,
auf daß wir klug werden.

Zeige deinen Knechten deine Werke
und deine Ehre ihren Kindern.
Und der Herr, unser Gott, sei uns freundlich
und fördere das Werk unsrer Hände bei uns;
ja, das Werk unsrer Hände
wolle er fördern!

Wenn die letzten Worte verklungen sind, schaut Mama zu Papa und dann zu uns allen, damit das Singen beginnen kann. Dann stimmt sie Paul Gerhardts Neujahrslied an, das schon im 30jährigen Krieg gesungen wurde. Wir Geschwister kennen alle dreizehn Strophen auswendig, und mit jedem Jahr wird uns ihr Sinn lebendiger. Die Kerzen verlöschen allmählich, und die Tannenzweige werfen lange Schatten an die Decke des Weihnachtszimmers. Nachdenklich singen wir

Nun laßt uns gehn und treten
mit Singen und mit Beten
zum Herrn, der unserm Leben
bis hierher Kraft gegeben.

Unseren Vater erfreuen besonders die Verse, in denen Paul Gerhardt auch der Kranken und Schwermütigen gedenkt:

Hilf gnädig allen Kranken,
gib fröhliche Gedanken
den hochbetrübten Seelen,
die sich mit Schwermut quälen.

Nun ist es beinahe zwölf Uhr. Wir gehen auf die Veranda und in den Garten hinaus, um die Glocken zu hören. Die Uhren ringsum schlagen zwölf, und die Glocken läuten das neue Jahr ein. Buntes Feuerwerk schießt fern am Himmel auf, knallt und beleuchtet farbig den verschneiten Garten. ‚Prost Neujahr' wünschen wir uns gegenseitig und stoßen miteinander an: Prosit Neujahr!

Zwischen 1923 und 1930 ändert sich viel. Wir Geschwister werden erwachsen. Abgesehen von Dietrich heiraten alle in dieser Zeit. Silvester 1927 schreibt mein Vater wieder in das Silvesterbuch. Zehn Jahre hatte es geruht; seit Walters Tod:

„Das diesjährige Weihnachten, wo wir alle uns gebliebenen Kinder wieder einmal zusammen haben, läßt uns das alte Buch wieder aufnehmen, und wir wollen wieder berichten: Der Weihnachtsabend verlief nun für uns Alte anders als früher. Nachdem wir bei Walter einen Zweig vom Baum niedergelegt, fuhren wir zu Schleichers, wo Ursel und Rüdiger für Hans-Walter und Renate den Baum geschmückt hatten, von da zu Leibholzens, wo die kleine halbjährige Marianne schon Freude an den Lichtern des Baumes hatte. Um sieben sammelte sich alles bei uns. Von den Enkelkindern nur die kleine Bärbel, die bei uns im Hause wohnte. Die Weihnachtsgeschichte wurde von Mama gelesen und die Weihnachtslieder im Dunkeln gesungen ...". Daran schließt sich ein Jahresbericht unseres Vaters.

1930 fährt Dietrich, der sich damals als Theologiestudent in den USA aufhält, zum Weihnachtsfest nach Havanna-Vedado auf Cuba und schreibt: „Ich werde Weihnachten hier mit einem Gottesdienst in der deutschen Kolonie feiern. Es ist nach

den eisigkalten Wochen in New York hier phantastisch warm, 28 Grad Celsius im Schatten, die Gärten voller Blumen, die Bäume grün wie im Sommer. Die deutsche Schule, in der ich den Religionsunterricht für die letzten Schultage übernommen habe, macht einen ausgezeichneten Eindruck, und die Kinder machen mir viel Freude."
Dietrich besucht hier die Schwestern unseres Hörnchens, die die deutsche Schule in Havanna leiten. Er bleibt dort noch über Silvester und hält den Gottesdienst. Er predigt über das Wort „Meine Zeit steht in deinen Händen".
Als Dietrich 1931 Privatdozent an der Berliner theologischen Fakultät und Studentenpfarrer der Technischen Hochschule geworden ist, predigt er vor seiner Konfirmandenklasse am 1. Advent über die Wort: „Selig sind die Knechte, die der Herr, so er kommt, wachend findet."

Als manche der Geschwister außerhalb von Berlin eigene Familien gegründet haben, finden sich nur noch die in Berlin lebenden Kinder und Enkelkinder im Weihnachtszimmer bei unseren Eltern ein, nachdem sie erst in ihren eigenen Familien gefeiert haben. Suse war inzwischen der Pfefferkuchenhaus-Spezialist geworden. Sie erzählt: „Bei Hörnchen hatte ich mich erkundigt, wie man es machen könne. Jahr für Jahr wurden die Häuser,

die ich baute, stabiler, bunter, einfallsreicher. Das Mühsame war das Einwickeln der schmalen, hellen Bonbons in rotes Glanzpapier, die dann das Dach ergaben und auf Pappe aufgenäht wurden, Ziegel über Ziegel. Aber diese Dächer waren auch das, was man nirgends sah oder kaufen konnte. Auch die mit bunten Bonbonfrüchten geschmückten Bäume aus Buchsbaum und die Dachrinne mit Brezeln behängt, waren Sondergut. Hänsel und Gretel nebst Hexe formte ich aus Marzipan. Später beim Weihnachtsbasar der Studentennothilfe brachten meine Häuser als Hauptgewinne und durch Versteigerung viel Geld ein, aber auch in der Haushaltungsschule wurden sie beim Weihnachtsverkauf im Pestalozzi-Fröbel-Haus viel bewundert."
Unsere Mutter findet auch bei den Enkeln immer ein für jedes Kind speziell ausgedachtes Geschenk. Unsere älteste Tochter erinnert sich noch heute mit Entzücken an einen Paradiesgarten, den Mama ihr selbst gemacht hatte, zu dem alle erdenklichen Tiere und ein Kind gehörten, dazu viele Bäume, allerliebste Blumen, Wege und Seen.
1931 stand Weihnachten unter dem Schatten der Weltwirtschaftskrise, der Arbeitslosigkeit, dem Anwachsen der nationalsozialistischen Stimmen. Aber Dietrich wünscht uns trotzdem „ein besonders schönes Fest" und schreibt meinem Mann und mir nach Göttingen:

Berlin, 23. 12. 1931

„Liebe Sabine, lieber Gert!

Bei einem Weihnachtsbrief gehen einem die Grenzen einer Schreibmaschine doch deutlich auf. Aber da er sowieso nur kurz sein kann, geht's für diesmal auch so. Es ist ja wirklich sehr schade, daß Ihr nicht kommt! Wir hatten uns alle darauf gefreut, und ich hatte sogar eine Wette abgeschlossen, daß Euer Entschluß, nicht zu kommen, noch ins Wanken gebracht werden könnte. Die scheine ich ja nun leider endgültig verloren zu haben. Schade! Wir werden auf diese Weise ganz kinderlos sein und es wird nicht sehr wahrscheinlich klingen, wenn morgen der Familienchor im Alter von 25–89 singen wird „Ihr Kinderlein kommet".
Ich wünsche Euch nun ein besonders schönes Fest im kleinsten Kreis. Wie geht das eigentlich bei Euch vor sich, oder müßt Ihr Eure Weihnachtssitte erst dies Jahr kreieren? Ihr wart wohl bis jetzt immer noch hier? Bei uns ist richtiges Winterwetter, das aber wohl im Hinblick darauf, daß morgen Weihnachten ist, bis dahin umgeschlagen sein wird. Vor einem Jahr saß ich in der tollsten Hitze in Kuba. Das waren noch andere Zeiten! – Vor ein paar Tagen war ich mit einigen von meinen Konfirmanden auf zwei Tage im Schnee. Das war für mich und

wohl auch für sie sehr lehrreich. Mein Weihnachtsinteresse konzentriert sich dies Jahr stark in der Richtung auf diese Konfirmanden, und das Packen von Weihnachtspaketen ist neben der Arbeit für das Kolleg eine durchaus erfreuliche und mir als eine nicht weniger wichtig erscheinende Abwechslung.

Ich werde morgen oft zu Euch herüber denken wie wohl auch Ihr zu uns. Vielleicht sprechen wir uns ja noch telefonisch. Sagt bitte meinem Patenkind einen besonderen Gruß. Sie kriegt diesmal nichts von mir (das klingt, als ob sie sonst immer was bekommen hätte, was ich kaum glaube), aber ich verstecke mich diesmal noch mal hinter dem Christkind, das ja die Geber verbirgt. Der wahre Grund freilich ist einfach der, daß ich in den letzten Tagen nicht dazu kam, an Weihnachten ausreichend zu denken und mich darauf vorzubereiten, also lebt wohl, feiert ein schönes Weihnachtsfest und kommt gut ins neue Jahr, und mit nicht gar zu viel Sorgen; die nützen doch sehr wenig. Herzlich grüßt Euch und die Kinder

Euer Dietrich"

Das Weihnachtsfest mit den Enkeln ist Mama sehr wichtig gewesen; sie freute sich besonders, wenn die Enkel die Weihnachtslieder mitsingen konnten und viele Verse behielten. In ihrer Liebe zu den Enkeln dachte sie immer an die Zukunft der Kinder. Als unsere Tochter einmal zu ihr sagte: „Großmama, wenn du das dem Thomas nicht erlaubst, hat der Thomas dich doch nicht mehr lieb", antwortete sie ihr: „Er braucht mich jetzt gar nicht lieb zu haben, er soll nur recht werden."
Mein Vater beobachtete die Enkel sehr genau und hatte seine Freude an ihnen, gab aber nur Rat in bezug auf ihre Erziehung, wenn man ihn danach fragte.
Auch die auswärtigen Kinder unserer Eltern setzen in ihren Familien die Tradition der Advents- und Weihnachtsfeier des Elternhauses fort, weil sie wissen: „Tradition bewahren, heißt nicht, Asche aufheben, sondern eine Flamme am Brennen halten" (Jan Jaurés).

Den großen Einbruch in die Fröhlichkeit des weihnachtlichen Feierns bringen unserer Familie die Jahre nach Hitlers Machtergreifung. Unsere Familie steht dem Nationalsozialismus einheitlich mit schärfster Ablehnung gegenüber. Wie bedrückt sind wir alle Weihnachten 1933! Das „Friede auf Erden und den Menschen ein Wohlgefallen" wird damals von vielen immer dringlicher erbeten. Wir fühlen, wie bedroht der Friede ist. Dietrich meint später in seinen Predigtmeditationen zum Weihnachtsfest:

„Nur wo man Jesus nicht herrschen läßt, wo menschlicher Eigensinn, Trotz, Haß und Begehrlichkeit sich ungebrochen ausleben dürfen, dort kann kein Friede sein. Wenn heute unsere christlichen Völker zerrissen sind in Krieg und Haß, ja, wenn selbst die christlichen Kirchen nicht zueinanderfinden, dann ist das nicht Schuld Jesu Christi, sondern Schuld der Menschen, die Jesus Christus nicht herrschen lassen wollen. Dadurch fällt aber die Verheißung nicht hin, daß ‚des Friedens kein Ende' sein wird, wo das göttliche Kind über uns herrscht."

Aus dem Geschwisterkreis werden Dietrich und ich von den nationalsozialistischen Gesetzen zuerst und unmittelbar betroffen.
Dietrich ist betroffen durch den Angriff auf die Kirchen. Er nimmt 1933 Urlaub von seiner Dozentur in Berlin und arbeitet an der Bildung der Bekennenden Kirche mit. Aus Protest gegen die ‚Deutschen Christen' nimmt er noch im gleichen Jahr eine Pfarrstelle in London an. Nun fehlt auch er beim Weihnachtsfest in Berlin bei den Eltern.

Als er nach eineinhalb Jahren zurückkehrt, weil seine Pfarrbrüder in Deutschland ihn offenbar nötiger brauchen und auch Karl Barth ihn sehr drängt, übernimmt er das Predigerseminar der Bekennenden Kirche der altpreußischen Union. Später wird er wegen der Gefahr ‚volkszersetzender Tätigkeit' von den Nazis mit Schreib- und Redeverbot bestraft und bekommt Aufenthaltsmeldepflicht. 1936 wird ihm seine Dozentur an der Berliner Universität genommen.

Mein Mann, Gerhard Leibholz, und ich sind betroffen, weil mein Mann von jüdischen Eltern abstammt. Schon Weihnachten 1933 liegt uns unsere unsichere Zukunft schwer auf der Seele. Der Druck verstärkt sich dann von Jahr zu Jahr. Mein Mann ist zwar noch Professor für Staatsrecht in Göttingen, aber seine Vorlesungen sind bereits boykottiert worden. Viele jüdische Beamte sind schon aus dem Staatsdienst entlassen worden, unter ihnen auch Verwandte von Gerd und viele unserer Freunde. Doch wir feiern Weihnachten noch ohne Störung mit unseren beiden kleinen Töchtern und den Brüdern von Gerd. Aber unsere Lage wird immer schwieriger. Trotzdem feiern wir 1937 den Heiligen Abend noch einmal in Berlin bei unseren Eltern in der alten Weise.

Auch in Berlin empfinden wir wie die Eltern und die dort lebenden Geschwister besonders stark die Veränderung im Geist und der Atmosphäre dieser Stadt. Um die Weihnachtszeit gibt es in Berlin oft schon harten Frost mit Ostwind. Unser Bruder Klaus ist immer gerne auf den Weihnachtsmarkt gegangen, auf dem die Berliner Marktfrauen auch bei strengster Kälte an ihrem Stand ausharren. Gerne hört er den Berlinern in ihrer guten Laune zu. Er freut sich an ihrem Witz und beobachtet die staunenden und verlangenden Gesichter der Kinder vor den Buden. Er amüsiert sich über die Sprüche auf den Lebkuchen. Einmal bringt er unserem Vater einen mit, auf dem aus Zuckerguß der Reim steht: „Es ist doch schön, wenn man bedenkt, wie Vater so an Muttern hängt!"
Aber nach 1933 hört dieser schöne Spaß auf. Parteigrößen erscheinen auf dem Weihnachtsmarkt und wollen sich populär machen. 1935 findet sich Goebbels mit seinen Kindern auf dem Weihnachtsmarkt am Schloßplatz ein, durch SS-Leute von allen Seiten beschützt. Am Weihnachtsabend hören Nazianhänger eine Rede von Rudolf Hess. Die Verfolgungsmaßnahmen gegen die ‚Nichtarier' schaffen für sie unerträgliche Zustände in Deutschland, und 1938 steht ihnen das Wasser bis zum Hals.
Mein Mann und ich wandern nach England aus.

Dietrich schreibt im Dezember 1938 an mich und meinen Mann in England:

5. 12. 38

„Liebe Sabine, lieber Gert!

Vielen Dank für den Brief. Jedes Lebenszeichen freut einen, wenn man so weit voneinander ist. Schön, daß Ihr so lange und freundlich dort eingeladen seid; hoffentlich kommst Du ordentlich zum Arbeiten in der Bibliothek des Britischen Museums. Es ist dort sehr ruhig und schön, findest Du nicht auch? – Daß Ihr Weihnachten mit den Eltern und Kindern zusammen feiern wollt, hat mich ganz außerordentlich gefreut. Das werden sicher sehr hübsche Tage bei Mucki Koenigs-Kalckreuth. Eben schrieb mir Mama darüber. Ihr trefft nun also alle meine alten Freunde und Gemeindeglieder. Grüßt doch Herrn Henne sehr von mir. Ich werde ihm zu Weihnachten schreiben. Er ist ein sehr treuer Mann und in a l l e n Dingen hilfsbereit, wenn man ihn braucht, auch seine Frau ist rührend. Geht doch ruhig gelegentlich hin, er freut sich immer und ist nur ein bißchen unbeholfen und geniert. Er soll Dich, lieber Gert, doch auch mal mit Mr. Seagell zusammenbringen; der predigt alle Monate in der Paulskirche und ist auch s e h r nett und hilfsbereit, ein alter Junggeselle, der all sein Geld an bedürftige Leute abgegeben hat und abgibt und lebt wie ein Asket. Er wird gewiß zu Euch sehr nett sein. Rufe doch Henne mal deswegen an und grüße S. sehr von mir, wenn Du ihn siehst. Außerdem sollten Cromwells Euch mal die Leute nennen, die ich seinerzeit unterstützt habe. Die schreiben immer noch mal eine Karte, aber ich habe die Adressen nicht mehr. An George schreibe ich morgen wieder. Er ist doch ein treuer Freund. Ich denke, er wird Euch auch gefallen haben. Meldet Euch doch mal ein paar Tage bei ihm an. Außerdem soll er Euch doch bestimmt mit dem Sir Walter Moberly zusammenbringen, der ein sehr gebildeter und feiner Mann ist. Das schiene mir wirklich sehr wünschenswert. Ich schreibe auch an ihn und schicke beide Briefe an Mama.

Übrigens ist es eine sehr allgemeine Erfahrung, daß einem Deutschen alles immer zu langsam geht. Davon lassen sich die Deutschen auch anstecken und unsereiner gewöhnt sich sehr langsam daran. Aber zur Ungeduld ist gar kein Anlaß. Es geht eben alles langsamer, aber meist auch sicher. Dies muß man sich als Deutscher täglich dort drüben sagen, – bis man selbst so wird! Das wird Dir allerdings nicht so sehr liegen! Kann Mucki nicht mal mit Herrn Schröder sprechen? Das fände ich ganz nett. Ich kann ihm auch schreiben. – Du fragst nach Tillich. Ich kenne ihn, d. h. ich lernte ihn

5. VII. 88

Liebe [illegible], lieber [illegible]!

Vielen Dank für den Brief. Solche Lebenszeichen freut einen, wenn man so weit auseinander ist. Schön, dass Ihr so lange in [illegible] und [illegible] wart; hoffentlich bekommt das nachträglich den Arbeiten an der Bibliographie der britischen [illegible]. [illegible] sehr wichtig und schön, findest Du nicht auch? – Dass Ihr [illegible] mit den [illegible] und [illegible] zusammenführen wollt, hat mich ganz außerordentlich gefreut. Das werden sicher sehr hübsche Tage bei [illegible]. Schon schicke ich meine Grüße. Ich hoffe nun, dass alle meine alten Freunde [illegible] [illegible]. [illegible] [illegible] [illegible] sein. Ich werde ihnen zu [illegible]

[illegible],

kann man [illegible], [illegible]. [illegible] ge-

[illegible] sein, [illegible] immer [illegible] bißchen [illegible]

[illegible]. [illegible] mit [illegible]

[illegible] bringen; [illegible] in [illegible]

[illegible], [illegible].

[illegible].

[illegible].

[illegible]. Gedanken sollten [illegible]

[illegible], [illegible]. [illegible] immer

[illegible], [illegible]. [illegible]

2 Tage bei seiner Arbeit hier kennen und vielleicht denkt er noch gern daran zurück, wenn er nicht zu vergeßlich ist. Erinnern wird er sich bestimmt. Bitte beziehe Dich auf mich und sage ihm, daß ich mich des Kirchentages bei seinen Freunden in Wannsee sehr gern erinnerte. Ich schreibe natürlich auch selbst, wenn Du willst! Besser ist natürlich Niebuhr, von dem ich Dir schon sagte. An den schrieb ich gern; er ist immer freundlich zu mir gewesen und wollte mich vor einem Jahr noch hier besuchen. Aber ich wüßte auch doch gern, ob ich nur allgemein fragen soll oder ob ich Dich schon anmelden soll. Dies wäre ja wirksamer. –
Ich denke täglich an Euch mit allen guten Wünschen. Wenn ich irgend etwas helfen kann, tue ich's immer mit größten Freuden! Darauf müßt Ihr Euch verlassen! Bitte sagt es nur! Bald wieder!
Von Herzen grüßt Euch und alle Freunde drüben Euer getreuer Dietrich.

Herzliche Grüße an Miss Sharp."

Wie anders gestaltet sich unsere Advents- und Weihnachtszeit von nun an! Unsere Kinder hatten wir, als wir Deutschland verließen, mit der Kinderfrau zunächst in die Obhut der Eltern gegeben. Im Dezember 1938 berichtet Mariannchen, die elf Jahre alt ist, aus dem Großelternhaus in Berlin nach London:

„Liebe Eltern!

Großmama hat gesagt, daß wir jeden Advent woanders feiern dürfen, diesmal waren wir bei Schleichers, wir gehen auch noch zu Onkel Klaus und auch noch zu Tante Susi. Bei Schleichers tranken wir am 1. Advent unten im Eßzimmer mit den Schleicherkindern und Tante Ursel und Onkel Rüdiger Kakao, und die Großeltern kamen auch. Der Advent war wie bei uns zu Hause in Göttingen, nur waren es eben sehr viel mehr Leute, die Weihnachtsarbeiten machten, und es gab auch viel mehr Pfefferkuchen und Äpfel deshalb. Ich mache Abziehbilder auf Flaschen, die ich dann lackiere. Tante Ursel hat uns auch Spankästen gegeben, auf die ich Engel male und die dann lakkiert werden. Außerdem haben wir Kupferplatten wie in der Schule in Göttingen, in die ich auch mit einer stumpfen Feder Engel ritze, nachher kann man die Engel aufhängen. Wir haben wie zu Hause Weihnachtslieder gesungen, nur waren es eben viel mehr, die mitsingen konnten und zweite Stimme konnten, nicht nur Christiane. Großpapa las uns Andersens Märchen vor, die kannte ich ja aber schon. Wir hatten Papierservietten und die Kleinen haben mit den Papierservietten gokeln wollen, es wurde ihnen ausdrücklich verboten, und im nächsten Augenblick war schon eine Flamme da, es hatte also doch jemand gegokelt, und Großpapa hat sie sofort mit der Hand ausgedrückt, leider hatte er eine große Brandblase an der Hand danach. Es wurde aber niemand rausgeschickt, wir haben alle weitergesungen, wohl, weil es Advent war. Aber der ganze Tisch mit den Weihnachtsarbeiten hätte ja abbrennen können. Hans-Walter sägt etwas, was er hinterher zusammenklebt, er sagt nicht, was es ist, ich glaube, es wird eine Lampe. Es war ein sehr schöner Advent, weil es so viele waren.

Liebe Eltern! Dezember 1938

Gestern waren wir zum Advent bei Onkel Klaus und Tante Emmi. Die Kinder können noch nicht lange Weihnachtsarbeiten machen, weil sie noch zu klein sind, Cornelie hat gerade erst fünften Geburtstag gehabt, Thomas ist natürlich schon sieben, Walter ist noch ein kleines Baby, wir durften ihn trinken sehen. Tante Emmi hat uns ein wunderschönes Kasperle-Theater gezeigt, man schlüpft mit der Hand in die Figuren, ich durfte den Kindern ein Stück vormachen und Tante Emmi mochte es. Dann nahm Onkel Klaus mich mit ins Herrenzimmer und zeigte mir viele Bilder von seinen Reisen in Afrika und Spanien, das war sehr schön. Vorher und nachher haben wir Weihnachtslieder gesungen, und es gab auch Pfefferkuchen, aber mit den Weihnachtsarbeiten sind Christiane und ich nicht viel weiter gekommen heute. Das ist aber egal, wir machen ja sowieso meistens nachmittags eine Weile Weihnachtsarbeiten, und wir werden noch fertig werden.

Liebe Eltern! Dezember 1938

Wir waren mit den Großeltern bei Tante Susi. Es waren sehr viele Leute da, alle saßen um einen sehr großen Tisch, noch größer als bei Schleichers, aber viele von den Leuten waren Erwachsene. Wir haben Weihnachslieder gesungen, und Tante Susi hatte alle Farben da, obwohl ich meinen Tuschkasten vergessen hatte, konnte ich also weitermalen. Die Kinder von Tante Susi sind ja noch zu klein, um Weihnachtsarbeiten zu machen, Michael ist drei und Andreas ein Baby, wir durften ihn im Körbchen nebenan ansehen. Die Erwachsenen sind, glaube ich, aus Onkel Walters Gemeinde, sie sangen gut. Frau Kluge hat manchmal Ausgang und manchmal kommt sie mit, wenn wir zu den Tanten gehen, sie sagt, sie mag es sehr."

Kurz vor Weihnachten – einen Monat nach der Kristallnacht und den Pogromen der Nazis bringen uns unsere Eltern die Töchter nach Holland entgegen. Als wir die Eltern und unsere Töchterchen von der Bahn abholten, sprang uns Marianne entgegen und berichtete von der Schlafwagenfahrt, und wie der Großvater schon früh auf dem Gang stand und den Sonnenaufgang betrachtete. „Großpapa mochte den Sonnenaufgang aber sehr, und mir hat er ihn gezeigt!" „Und heute hat Großmama mir die Zöpfe geflochten", erzählte Christiane sehr stolz. Bei dem Abschied von der Kinderfrau hatte es bei Christiane viele Tränen gegeben. Noch aus dem Wagen hatte sie unentwegt der winkenden Frau Kluge nachgeweint und die Großeltern bedrängt: ‚Die Uli muß mit, die Uli muß mit.' Jetzt war sie bester Laune. Aber beide Eltern sahen müde aus, und wir fuhren gleich zusammen nach Haarlem.

5
Klaus Bonhoeffer wurde am 5. Januar 1901 in Breslau geboren. Er studierte Rechtswissenschaft in Heidelberg und Berlin. Später schlossen sich Studienreisen nach Genf und Den Haag an. Nach seinem Assessor-Examen ließ er sich in Berlin als Anwalt nieder; in dieser Eigenschaft war er Syndikus bei dem Reichsverband der Deutschen Industrie und zuletzt Chefsyndikus bei der Lufthansa. Er war mit Emmi Delbrück verheiratet, und sie hatten drei Kinder. Als Mitglied der Widerstandsbewegung wurde er vom Volksgerichtshof zum Tode verurteilt und am 23. April 1945 von der SS ermordet.

Aufnahme aus dem Jahre 1937

6

Dietrich Bonhoeffer und die Zwillingsschwester Sabine wurden 1906 in Breslau geboren.
Er studierte Theologie und wurde 1930 Privatdozent an der Universität Berlin. Dem Nationalsozialismus erklärte er in aller Öffentlichkeit 1933 bereits seine kompromißlose Gegnerschaft. Nachdem er eineinhalb Jahre in England als Pfarrer gewirkt hat, wurde er 1935 Direktor des Prediger-Seminars der Bekennenden Kirche in Finkenwalde, 1936 verlor er seine Lehrbefugnis. In der ökumenischen Bewegung spielte Dietrich Bonhoeffer als Vertreter der deutschen kirchlichen Opposition eine bedeutende Rolle. Vor Kriegsausbruch kehrte Dietrich Bonhoeffer aus den USA zurück, um an der Beseitigung der Hitlerschen Tyrannis mitzuwirken. Für ihn setzte die Nachfolge Christi voraus, daß der Mensch zu seiner Diesseitigkeit stehen müsse. Im April 1943 wurde er verhaftet und schließlich zusammen mit anderen Widerstandskämpfern am 9. April 1945 im Konzentrationslager Flossenbürg hingerichtet.

Aufnahme aus dem Jahre 1941

7

Karl-Friedrich Bonhoeffer wurde am 13. Januar 1899 in Breslau geboren. Er studierte physikalische Chemie in Tübingen und Berlin. Ihm gelang es als Assistent, in dem von Haber geleiteten Kaiser-Wilhelm-Institut in Berlin nachzuweisen, daß der gewöhnliche Wasserstoff ein Gemisch zweier Modifikationen, des Ortho- und Parawasserstoffes, ist und stellte letzteren in Gemeinschaft mit Paul Harteck rein dar. Aufgrund dieser Entdeckung erhielt er Rufe aus den Vereinigten Staaten, der Schweiz, der Sowjetunion und aus anderen Ländern. Er entschloß sich, eine Professur für physikalische Chemie an der Universität Frankfurt anzunehmen, die er später mit der in Leipzig vertauschte. Nach dem Krieg war er Direktor des Max-Planck-Institutes für physikalische Chemie in Berlin und seit 1949 in Göttingen. Er war verheiratet mit Grete von Dohnanyi und hatte vier Kinder. Er starb in Göttingen am 15. Mai 1957.

Aufnahme aus dem Jahre 1955

8
Karl Bonhoeffer, geboren 1868 als schwäbischer Juristensohn, studierte in Tübingen Medizin.
Als Professor für Psychiatrie und Neurologie wurde er an die Universitäten Breslau, Königsberg, Heidelberg und 1912 nach Berlin berufen.
Er übernahm jeweils die Leitung der Psychiatrisch-neurologischen Universitätskliniken.
Professor Zutt schrieb über ihn:
Seine geduldige Offenheit für jede konkrete Situation, die souveräne, gleichmäßige Beherrschung des ... Wissenstoffes, sein außerordentliches klinisches Differenzierungvermögen, verbunden mit einem hervorragenden Gedächtnis, seine bei aller vorsichtigen Zurückhaltung große Sicherheit des Urteils setzten ihn in den Stand, jede konkrete Situation am Krankenbett zu durchschauen und so weitgehend zu klären ...
In der Klinik herrschte ein Ethos, das in Bonhoeffers Wesen wurzelte.
Als hervorragender Gelehrter und Vertreter seines Fachs war er weit über die Grenzen seines Landes bekannt. Er heiratete Paula von Hase, und sie hatten acht Kinder. Karl Bonhoeffer starb in Berlin am 4. Dezember 1948.

Aufnahme aus dem Jahre 1926

Viele Amsterdamer hatten ihre Landhäuser seit Jahrzehnten in Haarlem. Hier lag auch das Haus meiner Tante Koenigs-Kalckreuth, einer Cousine meiner Mutter. Meine Eltern wohnten mit uns und den Kindern in einem Hotel in der Nähe. Meine Tante hatte selbst sechs Kinder. Hier wurde Weihnachten noch im alten Stil gefeiert, das Marzipan mit den Kindern bei Weihnachtsliedern im Hause selbst zubereitet. Alte Familienmöbel und wunderschöne Bilder waren mit großem Geschmack gestellt und gehängt. Der Mann meiner Tante war auch ein großer Kunstkenner. Der Christbaum hatte Raum genug, seine Zweige zur Decke und in die Breite nach allen Seiten zu strekken. Hier sangen wir zusammen die alten und neueren Weihnachtslieder und hörten auch holländische. Auch in das Hotelzimmer der Kinder war am 24. Dezember ein Christbaum „eingeflogen", wie die Kinder sagten.

Der Wind blies eisig in diesen Weihnachtstagen, aber wir ließen uns nicht abschrecken, gemeinsam etwas Schönes zu unternehmen, denn Weihnachten im Hotel waren wir alle nicht gewohnt. Mit meinem Vater ging ich noch in das Frans-Hals-

Museum, um die herrlichen Gruppenbildnisse anzusehen. Wir wanderten alle zur Altstadt und besahen die Groote-Kerk, die langgestreckte spätgotische Basilika und das Haarlemer Rathaus. Wir fuhren auch mit unseren Verwandten nach Amsterdam hinüber und freuten uns an der Prinsen-Gracht, der Heeren-Gracht, der breiten Kaisers-Gracht. Allerdings waren die herrlichen Bäume jetzt kahl, umso stärker wirkten die edlen Fassaden der Häuser. Die Schönheiten der holländischen Landschaften und Städte hatte Mamas Vetter Graf Wolf Kalckreuth in einigen Gedichten beschrieben.

Bei unseren Spaziergängen durch Amsterdam hatten wir seine schönen Verse leibhaftig vor Augen:

Amsterdam

Gleich stillen Farben auf erschloßnem Fächer
eint sich der schmalen Häuser Grau und Rot,
und über grünem Kahn und weißem Boot
der Schmuck der Giebel und der tausend Dächer.
Das Brausen der bewegten Kais wird schwächer
in diesen Straßen, wo der Lärm verloht.
Und in der Ferne bleichen Mast und Schlot,
die Fischerewer und die Wellenbrecher.
Unzähl'ge helle Fensterscheiben schaun
auf die Kanäle, wo die Nachen stocken,
wo vor den Brücken sich die Schuten staun.

Die Sonne taut durchs Laub in großen Flocken,
und in der Luft perlmutterfarbnes Blaun
entfließt und singt das lichte Spiel der Glocken.

Rilke schätzte die Gedichte von Wolf Kalckreuth, und nach dessen frühen Tod hat er ein Requiem auf den Neunzehnjährigen geschrieben.

Es war zu kalt, den Hafen genau anzusehen, wir besuchten aber eine berühmte Diamantenschleiferei. Hier saßen bei der minutiösen Schleifarbeit, die enorme Präzision erfordert, die Arbeiter an langen Tischen. Wir sahen viele ernste, jüdische Gesichter bei konzentrierter Arbeit. Wir als deutschsprechende Besucher konnten ihnen kein Lächeln abgewinnen, was wir sehr verstanden; der Pogrom der Kristallnacht hatte schon stattgefunden, und sie identifizierten uns mit den Nazis. Da wir kein holländisch sprachen, konnten wir unsere politische Einstellung nicht klarmachen, was uns schmerzlich war.
Auch meines Mannes Bruder Hans, der mit seiner Frau nach seiner Vertreibung aus dem Richteramt durch die Nationalsozialisten nach Den Haag ausgewandert war, besuchten wir in diesen Tagen.
Wir fuhren auch nach Scheveningen ans Meer hinaus an einem trüben Nachmittag, an dem der kalte Wind sich etwas gelegt hatte.

Wir waren dankbar, daß die Eltern mit uns zusammen in Holland Weihnachten feierten, für sie wohl zum ersten Mal nicht unter dem eigenen Dach. Es war das letzte Weihnachtsfest, das wir mit den Eltern begehen konnten, denn die folgenden zwölf Jahre erlebten mein Mann, unsere Töchter und ich Weihnachten in England. Als wir 1951 Weihnachten zum ersten Mal wieder in Deutschland sein konnten, lebten die Eltern nicht mehr.

Die Winternebel in England, durch die die Wintersonne nur selten dringt, isolieren die Menschen, sie machen nachdenklicher. Man erlebt Advent und die Weihnachtszeit innerlicher. Freilich zeigt London auch die Unruhe einer sich im Weihnachtsgeschäft befindlichen Weltstadt. Aber auch das ist in gewisser Weise eindrucksvoll.
1939 hat Hitler Polen, England und Frankreich in den Krieg gestürzt. Wegen der drohenden Luftangriffe verlassen wir mit den Kindern London und gehen nach St. Leonards-on-Sea-Hastings. Gerd kann seine Arbeit für das World Council of Churches auch dort tun. Hier verleben wir und unsere Kinder das erste Kriegsweihnachten. Der Golfstrom wärmt die Südküste, so daß hier viele alte Leute den Winter verbringen. Aber 1939/40 ist er so streng wie seit vierzig Jahren nicht mehr.

Ein plötzlicher schwerer Schneesturm vor Weihnachten geht den Kindern, die gerade auf dem Schulweg heimwärts sind, fast über die Kraft. Wir machen uns auf, ihnen entgegen zu gehen und finden sie ganz erschöpft. Weihnachten treiben wir noch einen Christbaum auf und feiern mit ihnen erst zu Hause. Am ersten Feiertag sind wir morgens in St. Leonards Parish Church und nachmittags bei Mrs. Molony, der Witwe eines Bischofs eingeladen, die viele deutsche Flüchtlinge mit ihren Kindern zur Weihnachtsfeier gebeten hat. Marianne und Christiane kennen schon viele Weihnachtslieder aus der Schule und singen fröhlich mit, als mit dem bekanntesten Christmas carol „Once in Royal Davids City stood a lowly cattleshed" begonnen wird. Jedes Kind findet auch ein Päckchen, das am Christbaum angebunden hängt und crackers, Knallbonbons, die zum englischen Weihnachten dazu gehören.
Marianne schrieb in ihr Tagebuch: „Heute aßen wir zum ersten Mal Christmas-cake mit dickem Zuckerguß, und darauf saßen Porzellanfiguren. Die weißen Mummelkinder auf Schlitten, die rot waren, Pinguine und kleine verschneite Christbäume, und ein roter Father Christmas, auch aus Porzellan. Ein silbriges, schillerndes Band war um den ganzen Kuchen." Für die Kinder war das zauberhaft.

Zur gleichen Zeit schrieb in Berlin mein Vater in das Silvesterbuch: „Dafür, daß wir im Kriege sind und wie im Weltkrieg nach Karten leben, haben wir ein verhältnismäßig unbeschwertes Weihnachten gefeiert ... es war wieder einmal ein Kinderweihnachten, durch die Anwesenheit der Dohnanyischen Kinder. Von den Kindern und Schwiegersöhnen ist keiner im Felde, so haben wir hier keine unmittelbare Sorge. Von Leibholzens, an die wir in diesen Tagen besonders denken, sind die Nachrichten, was die Gesundheit angeht, gut, doch sind sie, wie der letzte Brief zeigt, in Überlegung wegen Amerika. Eindeutige Nachrichten kann man wegen des Krieges nicht bekommen. Es liegt darin immer ein Grund zu unfruchtbaren Sorgen. Daß Marianne und Christiane in der Schule Gutes leisten, ist uns doch eine große Beruhigung für die Zukunft ..."

Unsere Weihnachten drüben werden von Jahr zu Jahr reicher an Liedern und Bräuchen, denn wir nehmen auch die englischen mit auf, die uns sehr gefallen. So haben wir außer unserem Christbaum auch noch ‚holly', das sind einige Stechpalmenzweige mit roten Beeren, auch Christmaspudding wird bereitet mit einem versteckten Glückspfennig darin und Rosinenpastetchen. Etwas Neues sind für uns die Christmas cards. Es gibt welche für einen halfpenny, und es gibt die erlesensten. Die Erwachsenen wie die Kinder senden sie sich zu, damit sie am Weihnachtstag auf dem mantlepiece, dem Bord über dem Feuerplatz stehen. In der Schule unter den Freundinnen sind die Christmas cards enorm wichtig; ganz genau überlegen sich die Kinder, welches Bild für wen das richtige ist. In den Papierläden stehen die Schulkinder nach der Schule gedrängt im Eifer des Auswählens.

Unsere schönsten Weihnachtsfreuden sind die englischen Knabenchöre, die mit ihren engelhaften Stimmen aus einer anderen Welt zu kommen scheinen. In Oxford singen die College-Kirchenchöre oft schon in der Adventszeit, und auch die Studenten singen in diesen Wochen, wenn es dunkelt, vor den Häusern und sammeln für die Armen. In Grüppchen tun sie sich zusammen und singen vielstimmig, manche nach Noten, die sie im Lampenschimmer zu lesen versuchen, andere ganz sicher führend. Es ist ein hübsches Bild, wie sie da stehen, das mich an das Kurrendesingen zu Luthers Zeiten denken ließ. Regen und Nebel scheuen sie nicht, wetterhart, wie die englischen jungen Leute sind. Sie singen einfach und sympathisch und sind sehr dabei; man fühlt, daß sie es gern tun. Marianne und Christiane lernen die bekanntesten Christmas carols in der Schule, so daß wir sie schon bald zu Hause gemeinsam neben den deutschen Weihnachtsliedern singen:

Als die Hirten bei den Herden wachten
auf der Erde lagernd,
kam des Herrn Engel herab
und himmlische Herrlichkeit umgab sie.
‚Fürchtet Euch nicht', sprach er,
‚denn ich verkündige Euch und aller
Welt die frohe Botschaft:
Euch ist in Davids Stadt
heute der Heiland geboren,
ein Retter, welcher ist
Christus, der Herr.

Wo immer wir Weihnachten mit den Kindern feiern, lese ich ihnen die Weihnachtsgeschichte und singen wir im Dunkeln zusammen vor der Bescherung deutsche und englische Weihnachtslieder.
Auch in den Gemeinden wird gerne und viel gesungen. Manche Pfarrer laden Studenten und Studentinnen regelmäßig am Sonnabendabend in ihre Häuser zum gemeinsamen Singen, Diskutieren und zum Tee ein. Oft reichen die Stühle nicht, und die ganze Gesellschaft sitzt auf dem Boden. Unsere Tochter Marianne hat später beides oft und gerne mitgemacht. Alle die hinkamen, mochten es.
Die Engländer feiern den Heiligen Abend nicht. Für die Kinder beginnt Weihnachten am ersten

Feiertagsmorgen. Der ersehnte, gefüllte Strumpf, der am Bettpfosten hängt, läßt sie nicht lange schlafen, alle Herrlichkeiten, die darin stecken, werden auf der Bettdecke ausgebreitet und bejubelt. Wenige Familien haben Christbäume. Nach dem Frühstück geht beinah jeder Engländer zur Kirche, auch wer sonst nur selten oder fast nie zum Gottesdienst geht. Zum Lunch gibt es den berühmten Truthahn und Yorkshire-Pudding, der eine salzige pastetenartige Beilage ist.
Am Heiligen Abend, wenn unsere Kinder, die zu Weihnachten auch in England glücklich sind, in ihren Betten liegen, sitzen Gerd und ich noch lange zusammen am Kamin, bis das zusammensinkende Feuer und die feuchte Kälte, die dann gleich das Zimmer durchzieht, uns aufstehen lassen.

Inzwischen hat der von Hitler verschuldete Krieg begonnen, und in Deutschland wird die Verfolgung der Nazi-Opponenten immer teuflischer. Die KZs füllen sich mit ihnen.
Wir sind schwer bedrückt im Gedanken an die großen Deportationen und Massenermordungen der Juden. Wir denken in großer Sorge an die Bedrohung, in der sich unsere Geschwister befinden. Dietrich und unser Schwager Hans von Dohnanyi, Christels Mann, arbeiten im Widerstand gegen Hitler bei Admiral Canaris, beide benutzen ihre

Stellung in der Abwehr unter anderem, um Juden und gefährdeten Widerstandskämpfern zu helfen. Unser Bruder Klaus, der Jurist ist, arbeitet in ständiger Verbindung mit unserem Schwager Rüdiger Schleicher, Ursulas Mann, in einer anderen Widerstandsgruppe. Susis Mann, Pfarrer Walter Dress, hat seine Dozentur an der Berliner Universität längst verloren.

1943 erhalten wir durch den Bischof von Chichester die Nachricht von Dietrichs Verhaftung und der Gefangensetzung von Hans v. Dohnanyi und meiner Schwester Christel v. Dohnanyi. Unsere Gedanken kreisen um ihr Schicksal, wie mag es ihnen Weihnachten in der Haft ergehen? Es ist ein schwerer Druck – und kein Weihnachtsbrief kommt mehr aus Deutschland!

1944 erfahren wir, daß die Gestapo auch meinen Bruder Klaus und unseren Schwager Rüdiger Schleicher ins Gefängnis gebracht und in Fesseln gelegt hat.
In den Weihnachtsnächten, wenn wilde Wetter über die Insel brausen und den Schlaf vertreiben, kommen Stunden, in denen das ‚fürchtet euch nicht' der einzig wirkliche Trost und Halt ist, gerade auch im Hinblick auf die Menschen, die unter Luftangriffen und in Gefängnissen leiden.

Um diese Zeit schreibt Dietrich in einem Gedicht „Vergangenheit“ seine eigene Erfahrung darüber. Er schließt mit dem Vers:

„Vergangenes kehrt dir zurück
als deines Lebens lebendigstes Stück
durch Dank und durch Reue.
Faß' im Vergangenen Gottes Vergebung und Güte,
bete, daß Gott dich heut und morgen behüte.“

Die Weihnachtszeit der Jahre 1943 und 44, die für die in Deutschland lebenden Familienglieder mit besonderer Trauer und Sorge beladen sind, werden durch die Briefe Dietrichs erhellt. In der Adventszeit 1943 schreibt Dietrich aus dem Gefängnis an seinen Freund Eberhard Bethge:

Tegel, 28. 11., 1. Advent

„... Außerdem habe ich zum ersten Mal in diesen Tagen das Lied: ‚Ich steh' an deiner Krippe hier ...‘ für mich entdeckt. Ich hatte mir bisher nicht viel daraus gemacht. Man muß wohl lange allein sein und es meditierend lesen, um es aufnehmen zu können. Es ist in jedem Wort ganz außerordentlich gefüllt und schön ...
Am 24. soll hier immer ein rührender alter Mann aus eigenem Antrieb kommen und Weihnachtslieder blasen. Nach Erfahrung vernünftiger Leute

ist aber die Wirkung nur die, daß die Häftlinge das heulende Elend kriegen und ihnen dieser Tag nur noch schwerer würde; es wirke ‚demoralisierend', sagt einer, und ich kann es mir vorstellen ..."

Und am 1. Advent 1943 schreibt Dietrich aus seiner Zelle im Gefängnis Tegel nach neunmonatiger Einzelhaft an die Eltern:

1. Advent, 28. 11. 43

„Liebe Eltern! Obwohl man nicht weiß, ob und wie Briefe gegenwärtig bestellt werden, möchte ich doch gern am Nachmittag des ersten Advent an Euch schreiben. Das Altdorfersche Weihnachtsbild, auf dem man die Heilige Familie mit der Krippe unter den Trümmern eines verfallenen Hauses sieht – wie kam es nur vor 400 Jahren dazu, entgegen aller Tradition, das so darzustellen? – ist einem diesmal besonders gegenwärtig. Auch so kann und soll man Weihnachten feiern, das wollte er vielleicht sagen; jedenfalls sagt er es uns. Ich denke gern daran, wie Ihr jetzt wohl mit den Kindern zusammensitzt und mit ihnen Advent feiert wie vor Jahren mit uns. Nur tut man alles wohl jetzt intensiver, weil man nicht weiß, wie lange man es noch hat.

Ich denke noch etwas mit Grausen daran, daß Ihr beide, und ohne daß einer von uns dabei war, so eine schlimme Nacht und einen so schlimmen Augenblick durchmachen mußtet. Es kommt einem so unfaßlich vor, daß man in solchen Zeiten eingesperrt ist und nichts helfen kann."

Von unseren Eltern will Dietrich, soweit er es kann, Beunruhigungen fernhalten. Aber an seinen Freund Eberhard Bethge berichtet er auch über die Luftangriffe:

28. 11. 43, der 1. Advent

„Es begann mit einer ruhigen Nacht. Gestern abend im Bett habe ich zum erstenmal im Neuen Lied die – ‚unsere' – Adventslieder aufgeschlagen. Kaum eines kann ich vor mich hinsummen, ohne an Finkenwalde, Schlönwitz, Sigurdshof erinnert zu werden. Heute früh hielt ich meine Sonntagsandacht, hängte den Adventskranz an einen Nagel und band das Lippi'sche Krippenbild hinein. Zum Frühstück aß ich das zweite Eurer Straußeneier mit Hochgenuß. Bald danach wurde ich aufs Revier zu einer Besprechung geholt, die bis Mittag dauerte. Nach dem Essen habe ich aufgrund der üblen Erfahrung des letzten Alarms –
(eine Luftmine in 25 m Entfernung. Revier ohne

Fenster, Licht, hilfeschreiende Gefangene, um die sich außer uns aus dem Revier niemand kümmerte; aber auch wir konnten in der Dunkelheit wenig helfen und beim Öffnen einer Zelle von Schwerbestraften muß man immer vorsichtig sein, daß sie einem nicht mit dem Stuhlbein über den Kopf schlagen, um auszureißen – kurz, es war nicht schön!) –
einen Bericht über Erfahrungen und Notwendigkeiten der ärztlichen Versorgung bei Alarmen hier im Haus geschrieben. Hoffentlich nützt es was. Ich bin froh, irgendwie mithelfen zu können, und zwar an vernünftiger Stelle.
Beim Verbinden baten die Verwundeten um eine Zigarette, und die Sanitäter und ich selber haben vorher auch allerlei vertilgt. Um so dankbarer bin ich für das, was Ihr mir vorgestern mitgebracht habt! Übrigens sind fast im ganzen Haus die Scheiben heraus, und die Leute sitzen frierend in ihren Zellen. Obwohl ich vergessen hatte, mein Fenster beim Hinausgehen zu öffnen, fand ich nachts zu meiner größten Überraschung die Scheibe unversehrt. Darüber bin ich sehr froh, wenn mir auch die anderen schrecklich leid tun.
Wie schön, daß Du doch noch Advent mitfeiern kannst! Ihr werdet jetzt gerade die ersten Lieder zusammen singen. Das Altdorfer'sche Krippenbild fällt mir ein und dazu der Vers: „Die Krippen

glänzt hell und klar, die Nacht gibt ein neu Licht, das Dunkel muß nicht kommen drein, der Glaub' bleibt immer im Schein' – und dazu die adventliche Melodie, aber nicht im vierviertel Takt, sondern in dem schwebenden erwartenden Rhythmus, der sich dem Text anpaßt!"

Bald darauf folgt ein Weihnachtsbrief an die Eltern, in dem er auch von Maria von Wedemeyer spricht, mit der er sich 1942 verlobt hatte. Unsere Eltern freuten sich sehr über die Schwiegertochter. Papa schrieb 1943 über Maria in das Silvesterbuch der Eltern:
„Wir haben große Freude an ihr. Die Tapferkeit, mit der sie den schweren Druck, der auf ihrer Verlobungszeit liegt, trägt, die Warmherzigkeit, die aus allem, was sie denkt und tut, spricht, die Liebe, mit der sie an Dietrich hängt, läßt uns das Beste für seine Zukunft hoffen ..."

Dietrich schrieb in der letzten Adventswoche an die Eltern:

Tegel, 17. 12. 1943

„Liebe Eltern! Es bleibt mir wohl nichts übrig als Euch für alle Fälle schon einen Weihnachtsbrief zu schreiben. Wenn es mir auch über mein Begriffsvermögen geht, daß man mich möglicherweise noch über Weihnachten hier sitzen lassen will, so habe ich in den vergangenen achteinhalb Monaten doch gelernt, das Unwahrscheinliche gerade für wahrscheinlich zu halten, und mit einem sacrificium intellectus über mich ergehen zu lassen, was ich nicht ändern kann – allerdings ganz vollständig ist dieses sacrificium doch nicht und der intellectus geht im Stillen seine eigenen Wege. Ihr müßt nun vor allem nicht denken, daß ich mich durch diese einsame Weihnachten werde niederschlagen lassen; es wird in der Reihe der verschiedenartigen Weihnachten, die ich in Spanien, in Amerika, in England gefeiert habe, für immer seinen besonderen Platz einnehmen, und ich will in späteren Jahren nicht beschämt, sondern mit einem gewissen Stolz an diese Tage zurückdenken können. Das ist das einzige, was mir niemand nehmen kann.

Daß es aber nun auch Euch, Maria und den Geschwistern und Freunden nicht erspart bleibt, mich Weihnachten im Gefängnis zu wissen, und daß damit über die wenigen fröhlichen Stunden, die Euch in dieser Zeit noch geblieben sind, ein Schatten fallen soll, das kann ich nur dadurch verwinden, daß ich glaube und weiß, daß Ihr nicht anders denken werdet als ich, und daß wir in unserer Haltung angesichts dieses Weihnachtsfestes einig sind; und das kann schon darum gar nicht anders

sein, weil ja diese Haltung nur ein geistiges Erbstück von Euch ist. Ich brauche Euch nicht zu sagen, wie groß meine Sehnsucht nach Freiheit und nach Euch allen ist. Aber Ihr habt uns durch Jahrzehnte hindurch so unvergleichlich schöne Weihnachten bereitet, daß die dankbare Erinnerung daran stark genug ist, um auch ein dunkleres Weihnachten zu überstrahlen. In solchen Zeiten erweist es sich eigentlich erst, was es bedeutet, eine Vergangenheit und ein inneres Erbe zu besitzen, das von dem Wandel der Zeiten und Zufälle unabhängig ist. Das Bewußtsein, von einer geistigen Überlieferung, die durch Jahrhunderte reicht, getragen zu sein, gibt einem allen vorübergehenden Bedrängnissen gegenüber das sichere Gefühl der Geborgenheit. Ich glaube, wer sich im Besitz solcher Kraftreserven weiß, braucht sich auch weicherer Gefühle, die meiner Meinung nach doch zu den besseren und edleren der Menschen gehören, nicht zu schämen, wenn die Erinnerung an eine gute und reiche Vergangenheit sie hervorruft. Überwältigen werden sie denjenigen nicht, der an den Werten festhält, die ihm kein Mensch nehmen kann.
Vom Christlichen her gesehen kann ein Weihnachten in der Gefängniszelle ja kein besonderes Problem sein. Wahrscheinlich wird in diesem Hause hier von vielen ein sinnvolleres und echteres Weihnachten gefeiert werden als dort, wo man nur noch

den Namen dieses Festes hat. Daß Elend, Leid, Armut, Einsamkeit, Hilflosigkeit und Schuld vor den Augen Gottes etwas ganz anderes bedeuten als im Urteil der Menschen, daß Gott sich gerade dorthin wendet, wo die Menschen sich abzuwenden pflegen, daß Christus im Stall geboren wurde, weil er sonst keinen Raum in der Herberge fand, – das begreift ein Gefangener besser als ein anderer, und das ist für ihn wirklich eine frohe Botschaft, und indem er das glaubt, weiß er sich in die alle räumlichen und zeitlichen Grenzen sprengende Gemeinschaft der Christenheit hineingestellt, und die Gefängnismauern verlieren ihre Bedeutung. Ich werde am Heiligen Abend sehr an Euch alle denken, und ich möchte gern, daß Ihr glaubt, daß auch ich ein paar wirklich schöne Stunden haben werde und mich die Trübsal bestimmt nicht übermannt. Am schwersten wird es für Maria sein. Es wäre schön, sie bei Euch zu wissen. Aber es wird für sie besser sein, wenn sie zu Hause ist. Wenn man an die Schrecken denkt, die in letzter Zeit in Berlin über so viele Menschen gekommen sind, dann wird einem erst bewußt, für wieviel wir noch dankbar sein müssen. Es wird wohl überall ein sehr stilles Weihnachten werden, und die Kinder werden später noch lange daran zurückdenken. Aber vielleicht geht gerade dabei manchem zum ersten Mal auf, was Weihnachten eigentlich ist.

Grüßt die Geschwister und die Kinder und alle Freunde sehr von mir. Gott behüte uns alle.
In großer Dankbarkeit und Liebe grüßt Euch Euer Dietrich."

Dietrich schreibt auch Gebete für die Mitgefangenen und erklärt ihnen: „Weihnachten kann man als Christ auch im Gefängnis feiern."
Er berichtet unseren Eltern von seinem Weihnachten, wie er es in Einzelhaft im Gefängnis Tegel erlebte:

Tegel, 25. XII. 1943

„Liebe Eltern! Weihnachten ist vorüber. Es hat mir ein paar stille, friedliche Stunden gebracht und vieles Vergangene war ganz gegenwärtig. Die Dankbarkeit dafür, daß Ihr und alle Geschwister in den schweren Luftangriffen bewahrt worden seid, und die Zuversicht, Euch in nicht zu ferner Zeit in Freiheit wiederzusehen, war größer als alles Bedrückende. Ich habe mir Eure und Marias Kerze angezündet und die Weihnachtsgeschichte und einige schöne Weihnachtslieder gelesen und vor mich hingesummt, und habe dabei an Euch alle gedacht und gehofft, daß Ihr nach aller Unruhe der vergangenen Wochen doch auch eine friedliche Stunde finden möchtet. Euer Weihnachtspaket war eine große Freude, besonders der Becher des Urgroßvaters aus dem Jahre 1845, der nun mit Tannengrün auf meinem Tisch steht. Aber auch die materiellen Genüsse waren sehr schön und werden noch eine Weile vorhalten. Von den Geschwistern bekam ich interessante Bücher und Weihnachtsgebäck. Ich lasse ihnen allen sehr dafür danken.

Maria, die noch am 22. hier war, schenkte mir die Armbanduhr, die ihr Vater getragen hat, als er fiel. Dazu hatte sie noch ein Paket für mich abgegeben, ganz wunderhübsch verpackt, mit Pfefferkuchen und Grüßen von der Schwiegermutter und Großmutter. Es war mir etwas traurig zumute, daß ich ihr nichts schenken konnte. Aber ich möchte es erst tun, wenn ich wieder frei bin und es ihr selbst geben kann; ich habe es ihr auch gesagt und sie fand es schöner so. Ich bin ganz gewiß, daß sie wie alles Bisherige so auch diese Weihnachtstage, in denen sie Vater und Bruder vermißt und mich im Gefängnis weiß, gefaßt und tapfer begehen wird. Sie hat es sehr früh gelernt, in dem, was Menschen uns zufügen, eine stärkere und gütigere Hand zu erkennen."

Oktober 43. 5. Kriegsjahr. Wir sind wieder in Sakrow, wie
vor einem Jahr, aber unter anderen Umständen; im vergangenen
[unsicher] häufig geschickt, die Ruhe als Zufluchtsort,
den wir seit mehreren Wochen sehr nötig war, weil unser
Haus durch die Bombenangriffe zerstörte Dach u. Fenster
stark mitgenommen u. kalt u. unwirtlich ist. Es ist eine
[unsicher] Ruhe gewesen, das wir durchlebt haben. Wenige
Tage nach meinem 75. Geburtstag, an dem noch alle
Kinder und Enkel [unsicher] mich aus fernen
u. zahlreiche alte Assistenten und Kollegen gekommen
waren, mit freundlichen Glückwünschen am 5. April wurde
Dietrich, Hans Dohnanyi u. Christel in Haft genommen
auf Grund einer gemeinen Denunziation. Christel
ist nach 4 Wochen wieder entlassen worden, die beiden
anderen sind noch in Haft. Wir sind ganz hinsichtlich der
Angelegenheit zuversichtlich, aber die Monate, die wir
durchlebt, waren und sind recht schwer u. sind es noch. Sie sind
es aber durch Dietrichs Briefe u. die Besuche, die wir
von alle 4 Wochen haben, erleichtert worden. Sie zeig-
en eine so schöne Haltung, daß wir stolz auf ihnen
sind. Durch die Verhaftung Dietrichs ist seine bisher
nur uns u. der Mutter u. Großmutter bekannte Verlobung
mit Maria von Wedemeyer auch der weiteren Familie
bekannt geworden. Sie sollte noch geheim bleiben, weil
ihr Vater u. Bruder im [unsicher] 42 in Rußland gefallen
ist. Wir haben große Freude an ihr. Die Tagesarbeit,
[unsicher] für den [unsicher] Dietrich, der auf ihre Verbindung [unsicher]

In dem Silvesterbericht unseres Vaters von 1943 hören wir von den sorgenvollen Jahren:

„Silvester 43. 5tes Kriegsjahr. Wir sind wieder in Sakrow, wie vor einem Jahr, aber unter anderen Umständen; im vergangenen Jahr noch einigermaßen festlich gestimmt, dies Jahr aber Zufluchtsort, in dem wir seit mehreren Wochen schon nächtigen, weil unser Haus durch die Bombenangriffe zweimal an Dach und Fenstern stark mitgenommen und kalt und unwirtlich ist. Es ist ein böses Jahr gewesen, das wir durchlebt haben. Wenige Tage nach meinem 75. Geburtstag, an dem noch alle Kinder und Enkel außer Leibholzens mit uns feierten und zahlreiche alte Assistenten und Collegen gekommen waren, mit freundlichen Glückwünschen, am 5. April wurde Dietrich, Hans Dohnanyi und Christel in Haft genommen auf Grund einer gemeinen Denunziation. Christel ist nach 4 Wochen wieder entlassen worden. Die beiden anderen sind noch in Haft. Wir sind zwar hinsichtlich des Endergebnisses zuversichtlich, aber die Monate, die wir durchlebt, waren sorgenvoll und sind es noch. Sie sind uns aber durch Dietrichs Briefe und die Besuche, die wir nun alle 4 Wochen haben, erleichtert worden. Sie zeigten eine so schöne Haltung, daß wir stolz auf ihn sind. Durch die Inhaftierung Dietrichs ist seine bis dahin nur uns und zeugt, trägt, die Wahrhaftigkeit, die mit allem, was sie denkt und tut, spricht, die Liebe, mit der sie an Dietrich hängt, läßt mich das Beste für seine Zukunft hoffen. Wie Sakrow für Schleichers und auch ein Zufluchtsort vor den Bombenangriffen geworden ist, so ist es Friedrichsbrunn für K.-Friedrichs und Susis Kinder. Grete u. Susi wirtschaften dort mit einem Kreis lieber als die Bonhoeffer Kinder. Renate ist mit ihrem Kleinen in Sommerfeld bei ihrer Schwägerin Delbrück. Alle Verwandten sind durch Bombenangriffe in ihren Wohnungen betroffen worden, glücklicher Weise ohne körperliche Schädigung. Die Männer müssen natürlich an ihren Arbeitsstätten bleiben, eine traurige Begleiterscheinung dieses unseligen Krieges ~~ist~~ dieses Auseinanderreißen der Familien, und das Fehlen des Vaters für die Erziehung und das Zusammenleben in all dem, was den gemeinsamen Familienhaushalten ausmachten. Man lebt von einem Tag zum andern bei der Erwartung von Angriffen und dem notdürftigen Ausbessern der Fenster, Türen, Dächer und mit dem Gedanken, daß es bis jetzt gnädig abgelaufen ist, wenn man auch kein Ende absieht. Dazu die Nachrichten von den Fronten, die für die nächsten Jahre nichts Gutes voraussehen lassen, wenn nicht ein Wunder geschieht.

der Mutter und Großmutter bekannte Verlobung mit Maria von Wedemeyer auch der weiteren Familie bekannt geworden. Sie sollte noch geheim bleiben, weil der Vater Marias im Sommer 42 in Rußland gefallen ist. Wir haben große Freude an ihr. Die Tapferkeit, mit der sie den schweren Druck, der auf ihrer Verlobungszeit liegt, trägt, die Warmherzigkeit, die aus allem, was sie denkt und tut, spricht, die Liebe, mit der sie an Dietrich hängt, läßt uns das Beste für seine Zukunft hoffen. Wie Sakrow für Schleichers und uns ein Zufluchtsort vor den Bombenangriffen geworden ist, so ist es Friedrichsbrunn für Karl-Friedrichs und Suses Kinder. Grete und Suse wirtschaften dort mit einem Hauslehrer für die Bonhoeffer-Kinder. Emmi ist mit ihren Kindern in Sommerfeld bei ihrer Schwägerin Delbrück. Alle Familien sind durch Bombenangriffe in ihren Wohnungen betroffen worden, glücklicherweise ohne körperliche Schädigung. Die Männer müssen natürlich an ihrer Arbeitsstätte bleiben – eine traurige Begleiterscheinung dieses unseligen Krieges dieses Auseinanderreißen der Familien, das Fehlen des Vaters für die Erziehung und des Zusammenlebens in all dem, was den gemeinsamen Familiencharakter ausmacht. – Man lebt von einem Tag zum anderen in der Erwartung von Angriffen und dem notdürftigen Ausbessern der Fenster, Türen, Dächer immer mit dem Gedanken, daß es Sisyphusarbeit ist, von der man kein Ende absieht. Dazu die Nachrichten von den Fronten, die für das nächste Jahr nichts Gutes erwarten lassen, wenn nicht ein Wunder geschieht."

Am Weihnachtsfest 1944 ist die Bedrückung noch größer als im vorangegangenen Jahr. Inzwischen ist auch Pfarrer Eberhard Bethge, Dietrichs Freund und Ursulas Schwiegersohn, von der Gestapo verhaftet worden und befindet sich in dem Gefängnis, in dem auch Klaus und Ursulas Mann, Rüdiger Schleicher, der seit Oktober in Einzelhaft ist, mit vielen anderen leiden. Unser Schwager Rüdiger ist ein guter Geiger, es gelingt Ursula, ihm seine Geige zu bringen. Ein menschlich empfindender Kommandant läßt ihm Weihnachten die Handfesseln abnehmen. So spielt er aus der Matthäuspassion die Arie ‚Erbarme dich' und viele Weihnachtslieder so kräftig, daß die Mitgefangenen in den anderen Einzelzellen sie hören können. „Über dieses Weihnachten 1944 im Gefängnis berichtet Bischof Hanns Lilje in seinem Buch ‚Im finstern Tal'. Er erzählt, daß Rüdiger Schleicher durch die Freundlichkeit jenes Kommandanten mit ihm zusammen in die Zelle eines anderen zum Tode Verurteilten geführt wurde, um mit ihm zu-

sammen das Abendmahl zu feiern. Rüdiger spielte auf Befehl des Kommandanten einen Weihnachtschoral und Hanns Lilje las das Weihnachtsevangelium: „Es begab sich aber zu der Zeit ..." und „fürchtet euch nicht, ich verkündige euch große Freude: Euch ist heute der Heiland geboren."
In den letzten Kriegsjahren steht für unsere Eltern die Fürsorge für die gefangenen Söhne und Schwiegersöhne über allem. Durch keinen Abgrund sind die Eltern von ihren Kindern in den Gefängnissen zu scheiden. Auf ihren Wegen zu den Kindern geraten sie in die schwersten Luftangriffe, die auch Weihnachten nicht ausbleiben. Aber trotz aller Strapazen und Gefahren schreibt unsere Mutter an Dietrich im Februar 1945: „Wir bleiben in Berlin, komme was da wolle."

Unser ältester Bruder Karl-Friedrich berichtet von dieser Zeit im Juni 1945 an seine Kinder:
„Die Berliner Gefängnisse! Was wußte ich von ihnen noch vor einigen Jahren, und mit wie anderen Augen habe ich sie seitdem angesehen. Das Charlottenburger Untersuchungsgefängnis, in dem Tante Christel einige Zeit gefangen saß, das Tegeler Militäruntersuchungsgefängnis, in dem Onkel Dietrich anderthalb Jahre saß, das Moabiter Militärgefängnis mit Onkel Hans, das SS-Gefängnis in der Prinz-Albrecht-Straße, wo Onkel

Dietrich ein halbes Jahr im Kellergeschoß hinter Gittern gehalten wurde, und das Gefängnis in der Lehrter Straße, wo man Onkel Klaus folterte und Onkel Rüdiger quälte, wo sie noch zwei Monate nach ihrem Todesurteil lebten.
Vor all diesen Gefängnissen habe ich an den schweren Eisentoren gewartet, wenn ich in den letzten Jahren in Berlin war und dort ‚dienstlich' zu tun hatte. Dorthin habe ich Tante Ursel und Christel, Tante Emmi und Maria begleitet, die oft täglich hingingen, um Sachen zu bringen oder abzuholen. Oft kamen sie umsonst, oft mußten sie sich von niederträchtigen Kommissaren beschimpfen lassen, manchmal aber fanden sie auch einen freundlichen Pförtner, der menschlich dachte und einen Gruß ausrichtete, der außerhalb der vorgeschriebenen Zeit etwas abnahm oder Essen trotz Verbotes den Gefangenen gab ..."

In dem Abschiedsbrief, den mein Bruder Klaus an seine Kinder Ostern 1945 schreibt, nachdem das „Volksgericht" unter dem Vorsitz von Freissler ihn zum Tode verurteilt hatte, finden sich die Worte: „Höre die Stimme der Vergangenheit. Verliere dich nicht selbstherrlich an die flüchtige Gegenwart. Sei treu der guten Art deiner Familie und überliefere sie Kindern und Enkeln. Liebe Kinder, versteht nun diese Verpflichtung recht. Die Ehr-

furcht vor der Vergangenheit und die Verantwortung gegenüber der Zukunft geben fürs Leben die rechte Haltung ..."
Wenn ich auf unsere unter Sternen und Unsternen durchlaufenen Lebenswege zurückblicke, leuchten Dietrichs Verse auf, die er 1944 zum Heiligen Abend und zu Silvester im vergitterten Kellergefängnis der Gestapo für unsere Eltern und seine Braut Maria von Wedemeyer schrieb:

Von guten Mächten treu und still umgeben,
behütet und getröstet wunderbar,
so will ich diese Tage mit euch leben
und mit euch gehen in ein neues Jahr.

Noch will das Alte unsre Herzen quälen,
noch drückt uns böser Tage schwere Last,
ach, Herr, gib unsern aufgescheuchten Seelen
das Heil, für das Du uns bereitet hast.

Und reichst Du uns den schweren Kelch,
den bittern
des Leids, gefüllt bis an den höchsten Rand,
so nehmen wir ihn dankbar ohne Zittern
aus Deiner guten und geliebten Hand.

Doch willst Du uns noch einmal Freude schenken
an dieser Welt und ihrer Sonne Glanz,
dann wolln wir des Vergangenen gedenken,
und dann gehört dir unser Leben ganz.

Wenn sich die Stille nun tief um uns breitet,
so laß uns hören jenen vollen Klang
der Welt, die unsichtbar sich um uns weitet
all Deiner Kinder hohen Lobgesang.

Von guten Mächten wunderbar geborgen,
erwarten wir getrost, was kommen mag.
Gott ist mit uns am Abend und am Morgen
und ganz gewiß an jedem neuen Tag.

Am Weihnachtsfest 1945 blicken unsere Eltern auf das schwerste Jahr ihres Lebens zurück. Im April wurde Dietrich im KZ Flossenbürg gehängt, Klaus zusammen mit unserem Schwager Rüdiger Schleicher von der SS durch Genickschuß getötet. Hans von Dohnanyi, Christels Mann, wurde in Sachsenhausen hingerichtet. Zehn Enkelkinder unserer Eltern haben Weihnachten 1945 keinen Vater mehr.

Durch das Vermissen bleibt das schwere Geschehen immer Gegenwart, doch auch die schönen Erinnerungen an unsere glückliche Kindheit bleiben. Dietrich hat in einem Brief aus dem Gestapogefängnis ausgesprochen, was für uns alle gilt:
„Man trägt das Vergangene, Schöne nicht wie einen Stachel, sondern wie ein Geschenk in sich."

Lebensberichte

Sabine Leibholz-Bonhoeffer

vergangen · erlebt überwunden

Schicksale der Familie Bonhoeffer.
6. Auflage. 230 Seiten und 8 Seiten Fotos.
Originalausgabe
GTB 201

Sabine Leibholz-Bonhoeffer, die Zwillingsschwester des 1945 als Widerstandskämpfer hingerichteten Theologen Dietrich Bonhoeffer, erzählt in ergreifender Weise ihr Schicksal und das ihrer Eltern und sieben Geschwister.
Die Jugendzeit im Elternhaus des Professors für Psychiatrie Karl Bonhoeffer, das mit dem Staatsrechtslehrer und späteren Bundesverfassungsrichter Gerhard Leibholz geteilte Exil in England, die Schreckenszeit vor Kriegsende, in der zwei Brüder ihr Leben opferten – das sind die schicksalhaften Stationen einer Familie unserer Zeit. Dieser Lebensbericht ist ein Dokument der Zeitgeschichte von hohem Rang.

Gütersloher Verlagshaus
Gerd Mohn